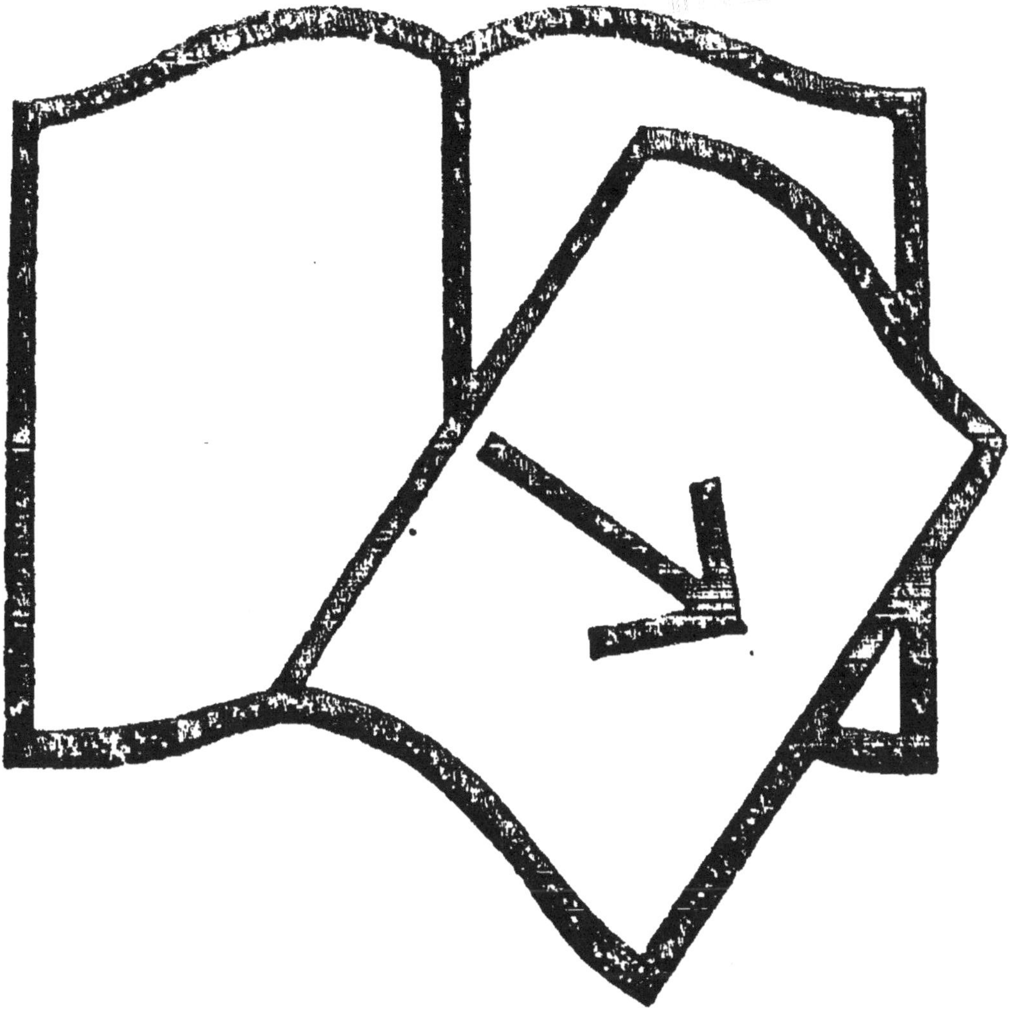

Couvertures supérieure et inférieure manquantes

RÉFLEXIONS ET PENSÉES

Imprimerie du Progrès. — CH. LÉPICE, 7, rue du Bois, Asnières

GÉNÉRAL BOULANGER

RÉFLEXIONS

ET

PENSÉES

Extraites de ses Papiers et de sa Correspondance intime

PARIS
NOUVELLE LIBRAIRIE PARISIENNE
ALBERT SAVINE, EDITEUR
12, RUE DES PYRAMIDES, 12
—
1891
Tous droits réservés

C'est l'indiscrétion d'un secrétaire qui nous permet de livrer au public, avant l'heure fatale où elles devaient voir le jour, ces notes fugitives. Ainsi que le porte le titre, quelques-unes ont été extraites d'une correspondance volumineuse, dispersée aux quatre coins de l'Europe, tombée entre les mains de possesseurs de hasard, parfois d'amateurs jaloux, et, si la découverte de leurs destinataires a exigé le flair d'un policier, il a souvent fallu mettre en œuvre pour en obtenir la communication toutes les ressources d'une diplomatie habile. On a dû surtout se mettre en garde contre d'ingénieux faussaires, curieux de produire leurs propres élucubrations sous le couvert d'un nom illustre. Mais l'écriture du général nous étant dès longtemps familière, nous n'avons pas eu grand'peine à déjouer ces ruses innocentes. Tous les fragments de cette provenance peuvent donc être hardiment considérés comme authentiques. La plupart des autres ont été recueillis sur des feuilles volantes, sur des carnets de poche, sur des marges de livres et même un petit nombre plus anciens jusque sur des cahiers de Saint-Cyr. Nous n'avons pas cru devoir les classer systématiquement sous des rubriques inflexibles, ainsi qu'on le fait d'habitude, pensant qu'ils plairaient mieux dans leur apparent désordre.

Nous n'avons pas estimé utile non plus de dater ces *Marginalia*. On reconnaîtra facilement les boutades griffonnées par le jeune humaniste à peine échappé des bancs du collège, les réflexions parfois amères d'un observateur mêlé aux luttes de la politique et des partis, enfin les sentences d'un esprit plus rassis, burinées par le vétéran dont la neige des ans commence à blanchir les tempes. La note humoristique elle-même ne fait pas défaut et en rencontrant çà et là telle saillie particulièrement folâtre, nous nous rappelions malgré nous que, suivant Plutarque, le grave Lycurgue se déridait à l'occasion et que même il ne dédaigna pas de consacrer une petite statue au Rire. Ne nous montrons pas plus sévères que ces anciens qu'on nous donne toujours en exemple; peut-être serions-nous plus sages de chercher à les imiter dans leur bonhomie habituelle que dans leurs grands gestes d'apparat et leurs déclamations de forum.

Nous éparpillons donc au hasard cette moisson de pensées légères, âpres, délicates, frivoles, cruelles, pittoresques, presque toujours justes. L'auteur, on le verra, aime peu la ligne droite. Aux allées rigoureusement tracées au cordeau du jardin français il préfère — est-ce pressentiment? — les sinuosités des parcs anglais et même les zigzags capricieux dessinés en pleins champs par le flâneur de toutes les nations. Libre à chacun d'élire tel ou tel sentier, d'y faire la chasse aux papillons et de le quitter au premier détour, s'il y rencontre trop de cailloux. Ceux qui voudront y faire une promenade méthodique auront pour se guider l'itinéraire détaillé de la table des matières.

Quelques-unes de ces réflexions ne paraîtront sans doute pas absolument neuves, ni même inédites. Nous ne nous sommes pas jugé autorisé pour autant à les éliminer. En effet, outre qu'il est plus difficile ici qu'en toute autre occasion d'opérer un départ rigoureux du tien et du mien, il n'est peut-être pas sans intérêt d'apprendre quelles idées ont particulièrement frappé l'auteur et mérité d'être adoptées par lui. D'ailleurs, s'il est vrai que les vérités devenues proverbes sont le domaine commun de tout un peuple, qui a plus de droits à se les approprier que celui qui fut à la veille d'incarner le plus spirituel de la terre ?

Voilà pour l'écrivain. Quant à l'homme, inutile de le présenter au public. Pour les uns c'est un titan foudroyé, pour les autres, un fantoche. D'aucuns, plus avisés, ont reconnu en lui une des bêtes de l'Apocalypse (1). Mais quelle que soit l'opinion que porte un jour sur le général l'impassible histoire, alors même qu'elle jugerait sévèrement quelques-unes de ses démarches, elle ne pourra s'empêcher de

(1) Il a paru à Londres en 1889 une curieuse brochure dont voici le titre : *Will general Boulanger be the french Cæsar who is to form the ten kingdomed confederacy by 1892, which will be the eighth wonder of the world* (London, J. Snow, 2. Ivy Lane). On y démontre jusqu'à l'évidence — exclusivement — que c'est l'année prochaine que le Léopard à dix cornes annoncé par Daniel (VII, 24) apparaîtra, par la réduction des vingt-trois Etats existant actuellement sur l'ancien territoire de l'empire romain en une confédération de dix royaumes. Ce fait est établi par le rapprochement entre le nombre 666, équivalent du nom que doit porter le protagoniste du Léopard, d'après saint Jean (*Apocal.* XIII, 18) et le total du

reconnaître en lui un de ces « hommes des

nom même du général transcrit en grec, langue originale de l'Apocalypse. En effet :

$$E = 5$$
$$B = 2$$
$$o = 70$$
$$υ = 400$$
$$λ = 30$$
$$α = 1$$
$$ν = 50$$
$$γ = 3$$
$$ε = 5$$
$$ρ = \underline{100}$$
$$666$$

Bien plus, ce nom fatidique de dix lettres contient les initiales des dix royaumes qui doivent prochainement former la confédération, à savoir :

1. **España.**
2. **Britannia.**
3. **Oesterreich.**
4. **Ungarn** (y compris les Balkans).
5. **Levant.**
6. **Assyrie** (et Arménie).
7. **Nil** (et ses dépendances).
8. **Gallia.**
9. **Epire** (et le reste de la Grèce)
10. **Rome** (et l'Italie).

jours de fête » dont parle Jean-Paul (1), nés

Un autre document confirme d'ailleurs les pronostics du voyant de Pathmos. C'est la prophétie de Bingel qui, il y a environ cent cinquante ans, annonçait également dans son *Gnomon* l'avènement d'un César français en faisant parler le chiffre 666 de la façon suivante :

$$
\begin{aligned}
\gamma &= 3 \\
\alpha &= 1 \\
\lambda &= 30 \\
\lambda &= 30 \\
o &= 70 \\
\varsigma &= 200 \\
\\
\varkappa &= 20 \\
\alpha &= 1 \\
\iota &= 10 \\
\sigma &= 200 \\
\alpha &= 1 \\
\rho &= 100 \\
\hline
& 666
\end{aligned}
$$

Enfin l'auteur de la brochure réfute victorieusement en passant l'opinion des esprits exagérés qui seraient tentés de voir dans son héros l'Antechrist !

(1) Par homme haut ou homme des jours de fête

pour commander aux foules au risque d'être
(*Festtagmensch*), je n'entends pas l'homme franc, honnête, fort, qui comme un astre parcourt sa carrière sans autre écart que des écarts apparents, — je n'entends pas l'âme délicate qui, avec un sentiment prophétique, apaise tout, traite tout le monde avec douceur, fait plaisir à tous et se sacrifie, mais sans se livrer, — ni l'homme d'honneur dont la parole est un rocher, qui, dans sa poitrine chauffée et mise en mouvement par ce soleil central, l'honneur, n'a de pensées et de projets qu'en vue d'actions extérieures, — ni enfin l'homme vertueux et froid, dirigé par des principes, ni l'homme sensible dont les tentacules s'attachent à tous les êtres et tressaillent dans les blessures d'autrui et qui embrasse avec la même ardeur la vertu et sa belle. Ce n'est pas non plus uniquement le grand homme de génie que j'entends par homme des jours de fête, et ma métaphore indique suffisamment qu'il s'agit dans le premier cas d'une dimension horizontale et dans le second cas d'une dimension verticale. — Mais j'entends par là celui qui à un degré plus ou moins grand ajoute à toutes ces qualités quelque chose qui est si rare sur la terre : l'élévation au-dessus de la terre, le sentiment de la vanité de toute activité terrestre et de l'incompatibilité entre notre cœur et le lieu où nous sommes placés, l'homme qui élève ses regards au-dessus de l'inextricable confusion et des appas dégoûtants de notre sol (J.-P.-Fr. Richter, *La loge invisible*, appendice au 25ᵉ secteur).

écrasés par elles, et dont les ambitions sont trop sublimes pour être réalisées ici-bas. Dès aujourd'hui il appartient au lecteur impartial et éclairé d'apprécier si décidément il n'y avait pas dans ce proscrit l'étoffe d'un gouvernant, et si, comme penseur, beaucoup de nos politiciens peuvent se mesurer à sa taille.

* * *

RÉFLEXIONS ET PENSÉES

1

La pudeur, quand elle est absolue, doit être très assurée puisqu'elle ne sait rien. Celle qui rougit est déjà à mi-chemin du vice.

2

Les gens très malades ont besoin d'une veilleuse. C'est un premier acheminement vers le cierge funéraire.

3

On a beau être philosophe, c'est un moment pénible, celui où l'on s'aperçoit que toute votre collection de faux-cols a ses boutonnières rompues.

4

Pascal a tort, ce n'est pas le nez de Cléopâtre

qui était trop long, c'est celui de Marc-Antoine, dont la renommée a passé en proverbe et qui, comme un bélier, a disloqué le triumvirat.

5

Que de lacunes dans les livres saints ! On ne nous parle jamais que de la prosaïque reinette qui nous chassa de l'Eden, sans nous dire seulement si notre premier père eut la joie d'admirer les pommiers en fleurs.

6

Une volupté que je me suis rarement refusée : à l'église, jeter quelque pièce de monnaie dans l'aumônière de velours tendue par une jeune patricienne qui vous remercie d'une légère inclinaison de tête. La charité n'est ici pour rien ; mais ce contact respectueux et pendant un quart de seconde, cet effleurement d'une gracieuse inconnue, que je ne reverrai peut-être jamais, m'a souvent rendu heureux pour tout un jour.

7

Il y a des gens si universellement mal doués

qu'ils peuvent servir de criterium à rebours pour le vrai et le beau. Vous pouvez admirer presque de confiance ce qu'ils trouvent faux ou laid.

8

Il est toujours bon d'avoir plusieurs amis à la fois, pour pouvoir alternativement se consoler auprès des uns de la lâcheté ou de la bêtise des autres.

9

Le difficile aujourd'hui n'est pas de trouver des gens prêts à vendre leur âme, mais de trouver un diable assez bête pour les acheter.

10

Quand vous entendrez une femme menacer son mari ou son amant de la peine du talion, soyez sûr qu'elle lui a déjà fait subir de la prevention.

11

Ceux qui ne lisent que des manuels sont

comme ceux qui n'ont jamais voyagé qu'en omnibus. Ils suivent des itinéraires fixes et ne sortent pas des limites de l'enceinte fortifiée.

12

Quelle vanité que l'archéologie! Pourquoi la connaissance de ce qui fut a-t-elle tant de prix et d'où vient que ce qui, à nos yeux, passe inaperçu et provoque souvent notre mépris, devient tout d'un coup chose très précieuse et très curieuse, par le seul fait qu'elle ne se reproduit plus? Celui qui connaîtrait le détail des cérémonies du culte d'Astarté ou de Tanit, comme le dernier de nos desservants de campagne connaît la liturgie de la messe, serait le premier archéologue du monde. O puissance de la catégorie du temps!

13

L'homme vraiment bon ne trouve la force de se détacher des ingrats que quand il est certain qu'ils n'ont plus besoin de lui.

14

On a toujours tort d'éclairer la lanterne magique de l'univers par la flamme qui jaillit de doux beaux yeux, car, dès qu'elle vacille ou s'éteint, le monde entier paraît sombre et tous les astres du ciel sont impuissants à remplacer ce frêle et unique lumignon.

15

La femme est le grand coëfficient de la nature; elle a pour mission de polariser toute notre vie affective.

16

Je ne crois pas aux don Juan impassibles. On ne réussit dans le sens vrai du mot en amour que lorsqu'on est convaincu, et alors la foi excuse tout, même son suicide. Ou plutôt j'admettrai bien ici ou là le succès d'un sceptique, mais sans les péripéties dramatiques de la séduction, et alors ce ne sera plus don Juan. Le malentendu, sur ce point, provient surtout de ce que le public et souvent le héros lui-même, de la meilleure foi du monde, font remonter aux débuts la fatigue ou la désillusion du dénouement et commettent ainsi un anachronisme psychologique qui bouleverse tout. Le triomphe de l'art humain consisterait, suivant moi, à intervertir les phases du *processus* érotique, c'est-à-dire à commencer par le désenchantement et à finir par... que dis-je? à ne pas finir.

17

Bien des gens se sont rendus malheureux à découvrir que l'amour pouvait survivre à l'estime. Mais l'amitié elle-même peut-elle être durable sans un profond, sans un immensurable mépris — dont chacun des intéressés, bien entendu, croit avoir le monopole? Descends dans ton cœur, ô le plus tendre de mes amis, et dis-moi ce qu'il faut en penser, si tu l'oses.

18

Deux formules au choix :

On peut oublier l'infidélité, mais non la pardonner.

On peut pardonner l'infidélité, mais non l'oublier.

Quelle est la vraie? Et d'abord en est-il une vraie?

19

Bien peu de noms de famille sont des noms propres.

20

Une des plus irrémédiables fatalités de l'amour, c'est que par son essence il est exclusif de toute idée de partage, même successif, et qu'en fait il n'y a guère que les *polygames* qui aient le goût ou le loisir de s'y adonner; de sorte que c'est précisément ceux qui en ont la notion la moins ambitieuse qui y sacrifient le plus. C'est comme une religion qui ne serait suivie que par des mécréants et dont les plus fervents adeptes seraient des athées.

21

Qu'est-ce qui fait l'intérêt et dans une certaine mesure le mérite de l'individu? C'est la façon dont il reflète l'univers. Il est des gens opaques qui à ce point de vue font l'office d'écrans. N'en parlons pas. D'autres peuvent être comparés à des transparents plus ou moins monochromes qui tamisent sans le colorer le foyer de lumière le plus éblouissant. Ceux-ci enfin, les plus rares, sont des prismes qui réfractent énergiquement le moindre rayon et où chaque objet s'irise des mille nuances de l'arc-en-ciel.

22

Le progrès est une chimère. Si nous avons le Panama, il ne faut pas oublier que nos ancêtres ont eu les indulgences, qui devaient hâter notre arrivée dans un pays beaucoup plus riche que l'Amérique du Sud. Or, elles se vendirent cinquante écus sous Léon X et deux sous la pièce sous Urbain VIII.

23

Ceux qui renoncent aux joies du monde sont ceux qui lui demandent trop. Dans plus d'un insociable il y a un insatiable.

24

Il est probable qu'on verrait moins d'enfants s'ils venaient sur commande et tout faits.

25

A tout prendre j'aime encore mieux des poètes

qui me font douter de leur parfaite santé cérébrale que des critiques qui déshonoreraient le bon sens.

26

Le jeune homme est bizarre à dessein et s'en flatte, l'homme mûr l'est malgré lui et en rage.

27

Souvent on est empêché de voir le bien parce qu'il est trop près de nous; on le distinguerait mieux s'il était couvert d'un voile.

28

L'homme a mille façons de donner des témoignages de son estime, la femme n'en a qu'une. Et il se trouve fâcheusement que cette façon est définitive, irrémédiable, et que nous l'avons par surcroît revêtue d'un caractère d'exclusivisme farouche. Reste deux manières de sortir de cette impasse. Ou accabler de notre mépris celles dont le goût est éclectique, ou déprécier le don de la personne féminine. Le premier parti est arbitraire, partial, et nous laisse toujours au cœur je ne sais quel malaise, comme une sourde protestation d'opprimé. Le second est radical, mais il se retourne contre nous, puisqu'il brise dans l'œuf le germe de toute volupté ultérieure. Conclusion : nous demeurerons toujours à la merci du « compagnon peu sûr » et tout effort pour secouer ce joug est vain.

29

La vertu féminine est une forteresse qui n'est sérieusement gardée que quand la laideur fait sentinelle.

30

L'amour arrive avec des béquilles et s'en va à tire-d'ailes.

31

Quand on songe que toutes nos misères proviennent d'une pomme mangée mal à propos, peut-être même véreuse, la vue du plus beau verger a bien de quoi nous rendre mélancoliques.

32

On ne juge pas assez les religions du point de vue de l'esthétique. Pour assurer un éternel tribut de reconnaissance au christianisme, ne devrait-il pas suffire de rappeler qu'il a créé ce type idéal qui symbolise à la fois toutes les grâces de la jeune fille et toutes les tendresses de la mère, la loi sacrée de la transmission de l'être sans les hontes de la fécondation — ce type de la Vierge, d'une conception si hardie, et si supérieur comme profondeur morale à celui de l'Hermaphrodite trop vanté dans *Mademoiselle de Maupin*. La Madone Sixtine avec ses grands yeux d'enfant inquiet qui me hantent depuis vingt ans me fait presque pardonner à l'Inquisition ses indélicatesses. Raphaël compense peut-être Torquemada.

33

Nous sommes toujours un peu vexés quand l'un de nos amis nous dit ou nous laisse entendre qu'il peut fort bien se passer de nous. Et pourtant ses assiduités ne sont-elles pas dès lors beaucoup plus flatteuses?

34

Les femmes goûtent rarement les joies pures de la vengeance. Quand elles tourmentent un homme, c'est le plus souvent pour faire plaisir à un autre.

35

En amitié, il y en a inévitablement un des deux qui est exploité par l'autre. Ainsi, je suis sûr que Pollux mettait toujours les chapeaux de Castor.

36

Il y a des femmes tellement changeantes que ce serait vraiment leur être infidèles que de les aimer d'une façon continue.

37

Plus nous vieillissons, plus les femmes nous font subir au seuil de leurs faveurs un stage prolongé. La prudence la plus élémentaire ne devrait-elle pas leur commander le contraire?

38

Ce n'est pas seulement le bonheur dont nous avons à déplorer l'insuffisance. Autrefois je me torturais par impuissance à goûter celui qui m'était départi; aujourd'hui qu'il ne m'en reste rien, je me désespère de ne pas me sentir plus malheureux.

39

La jalousie ne porte pas tant sur telle ou telle personne que sur la nuance particulière de sentiment qu'elle fait naître ou qu'elle éprouve et dont nous prétendons être les seuls inspirateurs. Il est des femmes à qui nous pardonnerons dix amants plutôt qu'un ami.

40

Si la femme ne demande qu'une chose: être préférée, l'homme de son côté n'a qu'un but: former ou plutôt déformer à son image celle qu'il préfère. Ainsi que les enfants, nous n'aimons que les joujoux que nous avons fabriqués nous-mêmes.

41

On est souvent surpris du charme universel qu'exercent certaines beautés indéterminées, comme si elles n'avaient pas justement le privilège de fournir le plus riche thème à nos variations. C'est la belle toile blanche bien préparée, habile à exciter l'inspiration la plus indigente et sur laquelle le moindre trait du peintre marque.

42

Je m'étonne qu'en toutes les régions de France l'époque de la foire ne coïncide pas toujours avec celle des vendanges.

43

J'ai eu un professeur d'anglais qui se démenait beaucoup et dont la cravate mal fixée faisait son tour en un jour comme le soleil (pardon, Galilée!). Quand le nœud était parvenu au plein milieu de la nuque, on savait qu'il était midi juste.

44

Je me défie toujours un peu des formules

simples. Quoi qu'on en dise, il n'y a pas une, mais bien deux grandes catégories d'amour, que j'appellerai, pour être bref, l'*appétit* et le *culte*. On ne parviendra pas plus à les confondre qu'on ne confond en architecture un restaurant et une cathédrale, Brébant et Notre-Dame de Paris. Que par suite de malentendus ou de surprises physiologiques, les deux genres arrivent parfois à empiéter l'un sur l'autre, cela ne prouvera rien à l'encontre des antipodes qui leur servent de point de départ ; de même qu'il peut y avoir d'une part des prêtres indignes et simoniaques et d'autre part des tables d'hôte presque mystiques à force de simplification. D'ailleurs, ne peut-on être à la fois dévot et gourmand ?

45

J'ai connu un brave garçon qui avait très mauvaise opinion de la nature. Il attribuait la pâleur des lys à l'envie, les rougeurs des roses à une violente colère et prétendait que si les petites pâquerettes blanches des prés se pressaient les unes contre les autres, c'était certainement en vue d'une émeute.

46

Lorsque nous sommes parvenus à étouffer en nous une passion, les ennuis se mettent à croître alentour comme les mauvaises herbes autour d'un sanctuaire en ruines.

47

La frivolité a ses pédants tout comme le sérieux; qui sait même s'ils ne sont pas plus insupportables?

48

Tout essor de la pensée vers une direction inexplorée est arrêté, toute recherche d'une formule nouvelle cesse d'être agissante dès qu'elle a trouvé son historiographe. Tel le papillon, qui ne vole plus lorsqu'il a été piqué dans une collection, étiqueté et catalogué.

49

Les professeurs de philosophie vivent de la philosophie, les philosophes en meurent.

50

Nous marchons dans la vie toujours à côté de notre bourreau femelle, et si nous échappons si souvent à la mort, c'est que dans son empressement aveugle, il nous verse des poisons contraires qui se neutralisent.

51

Certaines personnes, à force d'entendre comparer le cœur humain à un livre, se sont crues autorisées à éditer le leur par livraisons.

52

J'entends toujours prêcher le travail, la régularité dans la vie. Si tout l'idéal de l'homme devait se borner là, il serait toujours inférieur à celui de la plus humble fourmi.

53

Le bonheur, comme la vertu, est une habitude, et c'est une erreur de croire qu'après une enfance malheureuse nous goûtons d'autant mieux le bien-être dans l'âge mûr. Les fruits de la maturité sont toujours amers lorsque les racines ont poussé dans un terrain aride.

54

Alcôve ! Koubba ! Qui croirait que c'est un seul et même mot ? D'une part le dix-huitième siècle avec toutes ses fanfreluches, ses amours d'une heure, son caquet frivole et polisson ; d'autre part l'Orient immuable et serein, la tombe du derviche, l'Islam recueilli dans son petit cube de maçonnerie austère, dont la coupole d'un blanc incandescent dessine sur l'azur sa courbe pure.

55

Il y a des consolations qui désespèrent comme il y a des antidotes qui empoisonnent.

56

Le cœur qui a reçu certaines hautes visites de l'Esprit ne doit plus donner asile à rien d'humain, comme jadis les places frappées de la foudre étaient soustraites à la main profane de l'architecte.

57

Singulière prétention que de vouloir nous guérir d'un amour indigne par l'étalage des infamies de l'objet aimé, comme si ce n'était pas justement par là qu'il nous attache !

58

Toutes les fois que j'entends citer le proverbe : « Quand l'un dit : Tue ! l'autre dit : Assomme ! », je me fais cette réflexion : Eh quoi ! pour une fois que les hommes sont d'accord, voilà qu'on leur cherche encore chicane !

59

Cherchez et vous trouverez, dit-on. Oui, mais souvent on trouve autre chose.

60

Il ne faut pas s'étonner que le plus beau génie se corrompe parfois ; la peau du lion ne se aisse pas facilement tanner.

61

Il n'est acte si fou qui ne contienne un grain de sagesse. Si Caligula fit son cheval consul, c'est donc qu'il n'accordait pas tout aux courtisans et aux flatteurs. *Incitatus*, pour peu qu'il eût du feu, devait désarçonner l'empereur tout comme son palefrenier.

62

Dans toute existence, même la plus active, il y a des périodes où l'on se sent vivre pour ainsi dire à vide, comme ces mâchoires des vitrines de dentistes qui s'ouvrent et se referment sans broyer d'aliments et seulement pour montrer la régularité de leur jeu.

63

On reproche souvent aux femmes de ne pas réfléchir. Elles ont joliment raison. Qu'est-ce qui pourrait bien leur venir en tête ?

64

La Révolution française doit être prise en bloc. Tous ceux qui l'abrègent l'abrogent.

65

Il est juste de remarquer que les exécuteurs de concertos ont généralement appris leur morceau par cœur, afin sans doute d'opposer à notre fureur un motif de compassion.

66

Il y a des gens qui n'ont aucune des qualités de leurs défauts, comme ces mauvais couteaux qui coupent le doigt mais ne coupent pas le pain.

67

Quelle tranquillité nous laissent les égoïstes ! Pour souffrir par eux, il faudrait qu'ils consentissent à s'occuper de nous ; or, on n'a rien à craindre de ce côté.

68

Il est à remarquer à la décharge des médisants qu'ils s'en prennent volontiers à eux-mêmes quand l'aliment à leur malignité fait défaut. C'est comme un serpent qui, de peur de perdre son venin, s'empoisonnerait lui-même.

69

Il me semble toujours qu'on n'a pas encore assez réhabilité les hypocrites. Ne sont-ils pas l'appoint des honnêtes gens, le remplissage nécessaire entre les malfaiteurs et les vertueux, le lest qui complète la cargaison et lui assure de la stabilité, les fausses fenêtres enfin et les ornements imités qui seuls peuvent donner à l'architecture de la société un aspect symétrique? Sans compter qu'à force de vouloir paraître honnêtes, il en est qui finissent par le devenir pour tout de bon.

70

En amour, l'heure de l'aveu est toujours celle qui sonne le déclin.

71

Nous appelons cœur dur celui qui se consolera vite de la perte d'un parent, d'un ami intime. Mais pourquoi lui permettons-nous en attendant d'être gai et insouciant, comme si cette perte n'était pas dès aujourd'hui certaine, imminente peut-être ? La bonté d'âme dépendrait-elle donc du hasard d'une survie ?

72

Le dévouement peut chez certaines natures devenir un véritable besoin physique, comme chez les nourrices, par exemple, qui, lorsqu'elles ne trouvent pas l'occasion d'épancher leur coupe vivante, deviennent malades ou tout au moins perdent leur lait.

73

Nous escomptons plus volontiers nos plaisirs que nos chagrins. Ne serait-ce pas plutôt ceux-ci qu'il conviendrait d'éparpiller, de *diluer*, au lieu de leur laisser toute la vivacité de leur assaut ?

74

Ce sont, prétend-on, ceux qui disent le plus de mal des femmes qui les aiment le mieux. Je ne vois rien là de particulièrement rassurant. Ne sont-ce pas les mêmes qui par expérience possèdent à leur sujet les notions les plus variées et les plus approfondies ? Si donc ils ne cessent de blasphémer contre elles, qu'attendre des profanes ?

75

On n'est admis à la messe papale qu'en habit noir. J'aime à croire que sur le Golgotha dont cette cérémonie n'est que le symbole et la copie, l'étiquette était moins rigoureuse.

76

Quand on se sent défaillir l'âme, on cherche à s'appuyer même sur les ingrats. On s'appuierait sur une béquille en moëlle de sureau.

77

Au lieu d'établir un impôt sur les billards on n'aurait dû taxer que les joueurs heureux qui carambolent.

78

On n'a guère à bon marché que ce qu'on paie trop cher, par exemple l'expérience.

79

Il est plus juste qu'on ne croit de dire de certains défunts qu'ils emportent tous les regrets, car ils n'en laissent aucun.

80

Les honnêtes gens, trouvant leur programme trop chargé, se sont depuis longtemps partagé la besogne, les uns se réservant la filouterie, les autres tout le reste. Chaque catégorie se montre d'ailleurs on ne peut plus sévère pour le lot de l'autre. Ceci a tout l'air d'une boutade, mais que chacun veuille bien s'examiner un instant soi-même et il reconnaîtra qu'il appartient à l'une de ces deux classes, — à la seconde, bien entendu.

81

Les constitutions d'un pays sont comme ses routes : aussi cahoteuses dans leur nouveauté non encore tassée par les véhicules et les passants que dans leur vétusté pleine d'ornières et de fondrières.

82

La distraction est difficile aux hommes réfléchis. Là où les gens superficiels n'aperçoivent qu'une peau douce à caresser, ils entrevoient aussitôt un hideux squelette. Dans une vente publique qui n'est pour une cocotte qu'une occasion d'acquérir de belles pièces à bon marché, ils voient tout de suite le lit funéraire, la faillite, le néant de la propriété individuelle...

83

L'homme n'a été modelé qu'avec un vil limon, et c'est d'une côte de l'homme qu'a été extraite la femme : la matière qui la compose est donc d'une essence plus raffinée que celle de son conjoint.

84

L'envie se traduit le plus souvent en paroles, la haine veut des actes.

85

Les flatteurs sont d'habiles devins, ils vous disent toujours ce que vous pensez.

86

Ceci tuera cela, disait Victor Hugo, opposant à l'œuvre de pierre la feuille d'imprimerie.

Quand je vois s'édifier ces interminables casernes où l'on se propose d'emprisonner la science : le Muséum, la Faculté de médecine, la Sorbonne, je me demande parfois s'il ne sera pas bientôt permis de pousser le même cri d'alarme et si la pierre, prenant sa revanche, ne va pas de nouveau étouffer la pensée. Ces monuments ne sont-ils pas faits de matériaux trop solides et trop lourds pour le libre vol de l'esprit? Toute cette maçonnerie ne va-t-elle pas communiquer son immobilité à des sciences destinées à se transformer sans cesse et pétrifier des doctrines condamnées à un perpétuel devenir?

87

Souvent nous nous mettons à la poursuite du bonheur avec une âpreté telle que nous courons encore après lui alors que nous l'avons déjà dépassé, et il n'échappe à notre vue que parce qu'il est très loin en arrière. Heureux lorsque notre vitesse acquise ne nous empêche pas de revenir sur nos pas !

88

Toute peine actuelle projette son ombre dans l'avenir, tout désespoir engendre un fils. Quand on a longtemps vécu dans le deuil, on se trouve tout dépaysé le jour où on le quitte, comme ces mineurs accoutumés à l'obscurité souterraine clignent longtemps les yeux avant que leur vue s'accommode à la lumière supérieure.

89

Les statisticiens ont-ils jamais songé à comparer le nombre des badauds des deux sexes qui s'arrêtent vers le soir aux devantures des boutiques pour y admirer des bijoux, des photographies décolletées ou encore le résultat des courses, et celui des rêveurs qui, à la même minute, s'attardent sur le pont des Arts à contempler les gloires sanglantes du couchant ? Penser que cette féerie s'accomplit souvent devant des banquettes vides, peut-être même sans un seul spectateur humain, m'enlève décidément toute pitié pour nos impresarios et directeurs de théâtre qui se plaindraient de leurs fours !

90

La légende poétise tout. Qui sait? Jonas n'était peut-être en réalité que le commis-voyageur d'une grande maison de corsets, qui sera un jour tombé à l'eau.

91

Le culte survit longtemps à la foi. Il n'y a sans doute pas plus d'amour vrai dans la plupart de nos liaisons qu'il n'y a de sentiment religieux dans les pratiques surannées de nos liturgies officielles. Ici et là nous répétons les mots d'une langue sacrée dont l'âme s'est envolée.

92

L'exemple des vertus tièdes et des honnêtetés vacillantes est plus funeste que celui de la corruption avérée, de même que la peste est plus contagieuse à ses débuts que dans sa période de maturité.

93

Lorsqu'il est écrit que nous devons réussir auprès d'une femme, nous sommes bien bons de prendre des précautions ou de concevoir des inquiétudes. Les accidents et les bévues nous servent généralement bien plus que nos mérites ou notre sincérité.

94

Pourquoi toujours nous plaindre de ce que les femmes sont coquettes? M'est avis qu'elles sont encore bien loin de l'être assez. Peut-être même ce qui nous agace le plus est-il au fond que la plupart s'arrêtent à moitié chemin. Oh! que ne pouvons-nous leur prêter notre esprit de suite et nos méthodes rigoureuses! Mais la coquetterie érigée en système mériterait-elle encore ce nom?

95

Quelle injustice que de taxer les hommes d'égoïsme, comme s'ils ne passaient pas toute leur journée à s'occuper les uns des autres! Et quel vide chez les plus indifférents si on leur retirait brusquement cet inépuisable sujet de distraction !

96

Certaines natures enfantines délicates demandent à être élevées sans intermédiaire étranger. On peut nettoyer le drap avec une brosse, mais la soie ne s'époussète qu'avec la main.

97

La langue française est pleine de pléonasmes : amour-*propre*, un *commerce* d'amitié, un *mauvais* livre, les femmes *et* les enfants, un *ancien* ami, etc.

98

Les grandes émotions sont muettes. Il est regrettable qu'elles ne soient pas en même temps sourdes, pour nous empêcher d'entendre les réflexions qu'elles suggèrent à nos contemporains.

99

Les femmes de certains de nos politiciens

mettraient au monde des monstres à double face que je ne verrais là rien que de très naturel.

100

Pour être sûr d'avoir toujours quelque chose devant soi, le meilleur moyen est encore de prendre de bonne heure l'habitude de mettre de côté.

101

Un conseil gratuit à nos hommes d'Etat pour sauver nos finances. Imposer toutes les femmes sur leur beauté et tous les hommes sur leur esprit, puis laisser à chacun le soin de fixer le montant de sa taxe. Même en tenant compte des farceurs et des modestes, les prévisions budgétaires seront largement dépassées.

102

C'est souvent l'amour qui empêche de se marier.

103

Nous disons que la fortune est aveugle jusqu'à ce qu'elle nous choisisse.

104

L'imagination est une enchanteresse, il est vrai, mais trop souvent à la façon de Circé.

105

Les très mauvais plats sont encore meilleurs que les médiocres, parce qu'on en mange moins.

106

Dès qu'on cesse de croire que le sort des bienheureux sera de jouer de la harpe pendant toute l'éternité, c'est pour affirmer que la mort nous jette tout entiers au néant. Il me semble pourtant qu'entre ces deux alternatives extrêmes il y a place pour bien des hypothèses peut-être aussi plausibles. C'est au philosophe à les concevoir et au poète à les chanter, mais de grâce, sortons une bonne fois du concert et du *pudridero*. Je ne fais guère, bien entendu, plus grand cas du fameux paradis de Mahomet qui se hausse tout juste à l'idéal d'un étalon.

107

Dans l'industrie, les machines peuvent être graissées simplement avec de l'eau, pourvu qu'elles fonctionnent sans interruption. De même, un précepte de morale vulgaire peut suffire pour faire jouer les rouages de notre vie morale, à condition que nous n'en changions jamais.

108

Quand je songe que suivant nos mœurs on n'a le droit de serrer dans ses bras la femme d'un autre qu'avec accompagnement de musique, je m'étonne que nous ne soyons pas encore tous mélomanes.

109

On nous dit toujours que l'enfer est pavé de bonnes intentions ; c'est donc le ciel alors qu'on a pavé avec les mauvaises ?

110

La sagesse des nations nous apprend bien que l'amour est aveugle, mais elle a tort de ne pas ajouter que l'instinct lui sert de caniche.

111

Certaines personnes ont beau vieillir, elles ne parviendront jamais à un âge respectable.

112

Plus d'un fumeur enragé économise les allumettes.

113

Quand je vois un polyglotte épouser une savante, je me dis : Pourvu que, parmi toutes ces langues, ils sachent parler celle dans laquelle ils se comprendront !

114

Bien des femmes qui semblaient devoir nous entr'ouvrir le Paradis, ne nous ont révélé en fin de compte que le ciel de leur lit.

115

Celui qui repousse un éloge est un orgueilleux qui veut être loué deux fois.

116

Deux écrivains se rencontrent souvent sur la pensée d'un troisième.

117

Ceux qui se font soudoyer pour accomplir un acte que la simple probité leur commande sont bien plus infâmes que ceux qui se vendent pour commettre un crime ; ces derniers ne déshonorent qu'eux, les autres avilissent la vertu elle-même.

118

Les plantes elles-mêmes dérogent. De la feuille d'ache dont l'élégance sauvage rehaussait la couronne héraldique des ducs nous avons fait le céleri.

119

Le monde est un écho qui répète tout ce qu'il entend. Disons donc du bien d'autrui si nous voulons qu'il en dise de nous.

120

L'esprit de quelques personnes est comme une lanterne sourde qui ne sert qu'à celui qui la porte et qui n'éclaire que son chemin.

121

On a eu raison de comparer l'amitié au lierre. Il finit toujours par étouffer l'arbre qu'il embrasse.

122

Puisque le mari et la femme ne font qu'un, il ne devrait jamais naître de jumeaux d'une légitime union.

123

L'argent seul ne fait pas le bonheur; il faut encore autant que possible avoir des chevaux et une maison de campagne.

124

Rien de plus légitime que la sollicitude du législateur en matière d'enseignement primaire.

Il faut réprimer l'avortement même des intelligences.

125

Les sciences représentent assez bien dans leurs complications toujours croissantes une martingale psychique qui à chaque combinaison nouvelle laisse sur le carreau les joueurs qui n'ont pas assez « d'estomac » pour continuer la partie. Seuls les millionnaires de l'esprit ont quelques chances de gagner.

126

La religion chrétienne a eu un beau moment avant l'apparition de la Madeleine, c'est-à-dire avant l'intervention des femmes.

127

J'imagine que les juges qui condamnèrent Galilée à la torture auraient au moins infligé une verte semonce à Josué.

128

Certains calomniateurs joignant la tartufferie

à la trahison ne font leurs révélations que par fragments : ils laissent à leurs confidents le soin de réunir tous ces tronçons pour en refaire le serpent.

129

Je connais des gens qui auront toutes les peines du monde à mourir : il s'agira de rendre l'esprit.

130

Il y a des raffinés qui se font blanchir à Londres ; moi, je préférerais faire venir mes chemises blanches de Castille

131

Le calembour est la forme la plus basse de l'esprit. En effet, c'est le fondement de toutes les autres.

132

J'entends toujours dire que les femmes sont capables de plus grands attachements que les hommes. On voit des hommes s'attacher à un vieux chapeau; que l'on me montre donc une femme capable d'en faire autant.

133

Si la ligne qui sépare la vertu du vice pouvait être distinctement tracée, la marque n'en durerait pas longtemps. Il y en a tant qui marcheraient sur cette ligne qu'elle serait bien vite effacée.

134

Le café, les femmes, les liqueurs fortes, etc., autant de clous à notre cercueil. Soit. Je ne serai pas fâché, quand le moment sera venu, d'avoir un cercueil solide.

135

Ne proscrivons pas trop sévèrement l'amour-propre. Sans lui nous aurions encore bien plus de défauts.

136

Si ce qu'il y a de meilleur dans l'homme c'est le chien, on peut dire que dans la femme c'est le chat.

137

Bien que telle personne nous déplaise beaucoup, nous serions cependant désolés de lui déplaire même un peu.

138

Il faut toujours admirer l'esprit d'observation des rédacteurs de la Bible. Job avait déjà perdu sa fortune et ses dix enfants lorsque Dieu, pour renchérir, lui envoya une maladie de peau.

139

Si la constance est le grand ressort de la vie du cœur, la variété en est le balancier.

140

On admet bien la collaboration avec les vivants. Pourquoi ne pourrait-on collaborer avec Montaigne ou Confucius?

141

Certaines gens semblent avoir un second cerveau dans la poitrine à la place du cœur.

142

L'arche de Noé devait forcément être à plusieurs ponts; car sans plafond, où les patriarches auraient-ils pu loger toutes leurs espèces d'araignées?

143

Il en cuit plus de frapper un garde-champêtre que de frapper sa mère, et d'insulter un ministre de Dieu que d'insulter Dieu lui-même.

144

Qui croirait que les mots : politesse, police, politique, sont l'épanouissement d'une même racine ?

145

La plupart des décorés font bien de porter leur ruban très étroit, puisque ce n'a été pour eux qu'une « faveur. »

146

Aucun fruit de la terre n'étanche la soif de

l'or. Seule la pomme du jardin des Hespérides apaiserait l'avare.

147

En Russie, les gens qui ont volé des sommes trop considérables sont envoyés dans les mines d'or. Connaissez-vous une plus jolie application de la loi du talion ?

148

La morale familière dit à l'homme : « Ne cours qu'un lièvre à la fois », et à la femme « Ne sois lièvre qu'une fois en ta vie ».

149

L'écriture étant le principal moyen de communication entre les intelligences, l'instruction élémentaire devait être gratuite au même titre que la circulation sur les grand'routes.

150

Il y a quelqu'un qui est plus malin que le Diable, ce sont ceux qui l'ont inventé.

151

La plupart des hommes n'aiment de la Vérité que son costume.

152

Les moindres heurts de la vie laissent sur notre âme des traces qui ne disparaissent pas brusquement, mais suivent toutes les dégradations de teinte des ecchymoses, passant du rouge au bleu, puis au jaune, avant de reprendre la coloration uniforme de la peau.

153

Les dernières paroles qu'on échange à la hâte entre êtres aimés avant un départ sont comme ces meubles qu'on jette au hasard, pêle-mêle, par les fenêtres dans un incendie, et parmi lesquels il y a de la vaisselle qui arrive rarement saine et sauve par terre. Mais, bah ! pourvu que le tout soit assuré !

154

Toute pitié s'émousse par la durée et par

conséquent en raison même de son utilité, car un mal est plus douloureux à mesure qu'il persévère.

155

Les gens fins ne se laissent jamais duper, les gens très fins toujours, mais exprès.

156

Par un aveuglement singulier les pauvres d'esprit sont souvent prodigues.

157

C'est quand l'amour est inquiet qu'il est le plus violent ; il s'affaiblit dès qu'il est tout à fait accepté. Tels les lampyres brillent d'autant plus qu'on les tourmente davantage, tandis que si on les prend, ils ne jettent plus qu'une clarté terne et s'éteignent bientôt complètement.

158

Nos lois, impuissantes à prévenir les spéculations les plus éhontées de la finance, sont restées sévères pour les moindres faiblesses de la chair. Elles pardonnent tous les écarts des écus, jamais ceux des jambes.

159

L'homme le plus propre à plaire aux femmes est celui qui à tous les vices de leur sexe joindrait tous les défauts du sien.

160

L'inconvénient spécial à l'exagération est précisément celui qu'elle cherche le plus à éviter : la faiblesse.

161

Dans certains théâtres où les choses finissent toujours par un mariage, l'affiche peut être considérée comme un billet de faire part : il faudrait donc éviter de l'imprimer sur papier jaune.

162

Je me demande ce qui serait survenu si Eve avait été stérile. Adam aurait-il eu le droit de divorcer ? Mais alors il eût fallu lui arracher une nouvelle côte. Réflexion faite, le scenario édénique a été bien mieux réglé ainsi.

163

La volupté et la douleur aiguisent l'âme, mais trop souvent comme la meule aiguise la lame, en l'amoindrissant.

164

L'ingrat ressemble à l'eau éteignant le feu qui la fait bouillir.

165

Celui qui ignore absolument la vérité est plus susceptible de guérison que celui qui la voit de travers : la cataracte s'opère moins difficilement que le strabisme.

166

Quand je vois le mardi-gras tant de petites filles décolletées en laitières, en bergères, s'exposer à des coryzas, à des bronchites et à des fluxions de poitrine, je me demande pourquoi toutes les mamans ce jour-là se déguisent en mauvaises mères.

167

En amour, contrairement à ce qui se passe en guerre, nous ne croyons intimement à la bravoure que de celles qui ne sont pas allées au feu.

168

Nous comptons tous entrer en paradis et nous n'avons pas seulement de quoi garnir nos panthéons.

169

Qu'importe que la force prime le droit, tant que la finesse primera la force !

170

La vraie Parisienne a toutes les qualités du vin de Champagne : elle est légère, transparente (malgré elle), blonde, un peu sucrée, coûte très cher et mousse facilement.

171

Les meilleurs en faisant le bien comptent sur la reconnaissance : un ingrat est donc avant tout un escroc.

172

Tenons compte une bonne fois de la statique de la nature. Le volume du cœur est inférieur à celui du cerveau.

173

Dans les situations extrêmes, le pour est aussi tragique que le contre : les larmes d'un mourant ne sont pas plus navrantes que son sourire.

174

Pour posséder un caractère véritablement ferme il y faut de la souplesse, de même qu'il faut de l'alliage à l'argent qui, tout à fait pur, se briserait trop facilement.

175

Les titres sont des grossissements microscopiques dont le savant connaît la loi et qui font l'ébahissement des masses.

176

Nos amours sont le contraire de la plupart des plantes de jardin : les annuels ne demandent ni soins ni culture, les vivaces en ont besoin.

177

L'infortune est notre plus grande bienfaitrice, et elle ne compte que des ingrats.

178

L'homme crédule puise de l'eau avec un crible.

179

Que le rosier ne porte pas de chardons, c'est ce que l'âne ne lui pardonnera jamais.

180

La plupart des hommes se vautrent et se

salissent pour faire fortune : ils ressemblent aux réduves, espèce de punaises qui se roulent dans les immondices et ainsi déguisées en ordures se repaissent impunément.

181

La folie des sages est encore bien plus précieuse que la sagesse des fous.

182

On peut avaler longtemps son dépit, mais gare à la gastrite !

183

La différence du salut est caractéristique dans les deux sexes ; l'homme fait la révérence en avançant et la femme en reculant.

184

Pour être sûr de rencontrer quelqu'un quinze fois par jour, il suffit de lui prêter de temps en temps de l'argent.

185

Les politiciens qui lancent leur pays dans une guerre étrangère pour combler les déficits du budget sont comme ceux qui feraient fondre des canons pour mettre autour des trous qu'ils auraient faits à la lune.

186

Il y aurait moins de mauvais livres si on lisait les bons. Je m'adresse ici surtout aux auteurs.

187

Les fautes des grands sont la fatalité des petits.

188

Pour pardonner aisément il faut aimer très peu ou beaucoup trop.

189

Même après soixante ans on n'est jamais un vieillard pour ses parents.

190

J'ai longtemps cru que les petits toits en porcelaine fixés le long des poteaux télégraphiques étaient destinés à abriter les dépêches en cas de pluie, et je m'expliquais ainsi le retard que subissent parfois ces moyens de communication.

191

Ne regrettons rien. Si la vertu était plus répandue, les méchants auraient vraiment trop beau jeu.

192

Le deuil le plus long dure un an, comme la prescription en matière de meubles.

193

Quand on va répétant que les plus grands génies meurent inconnus, ne pense-t-on pas toujours un peu à soi ?

194

On lit dans les démonographes que les sorcières se rendaient au sabbat en se mettant un bâton blanc entre les jambes. Est-on bien sûr qu'il n'y ait plus de sorcières ?

195

Le monde est cruel pour la modestie : elle nous soustrait à ses attaques les plus sûres.

196

Il ne suffit pas d'avoir des nerfs pour être sensible, il faut un cerveau : le cerveau est la cheville qui tend les cordes; pas de tension, pas de vibration.

197

Certains ministres des finances ont une façon de discuter les fonds publics qui fait avant tout hausser... les épaules.

198

Pour le pervers un peu raffiné, le vice intéressé est déjà presque de la vertu.

199

Puisque les éléments dont notre corps est composé serviront fatalement à former d'autres êtres, pourquoi nous fatiguer à procréer des rejetons au premier degré ? Sans avoir été pères, nous sommes sûrs de devenir tous ancêtres.

200

Les militaires spirituels sont la pierre à fusil dont les autres sont le briquet.

201

Bien des gens devraient douter de l'immortalité de l'âme, uniquement par modestie.

202

Les cloches sont l'artillerie du clergé.

203

Les leçons de l'expérience, même quotidiennement répétées, ne nous améliorent pas. Ainsi les poissons ont beau vivre dans l'Océan, leur chair reste néanmoins fade et a besoin d'être convenablement salée pour devenir mangeable.

204

Un objet n'est pas détestable parce qu'il réunit tous les défauts, mais s'il a tous ceux qu'il comporte. Il est certain qu'un cure-dent ne peut pas révéler toutes les imperfections d'une oie, ni une canne à pomme d'ivoire tous les inconvénients d'un éléphant.

205

Les cicatrices corporelles de l'enfant disparaissent bientôt, celles de son cœur jamais.

206

La plus mauvaise roue d'une voiture est toujours celle qui fait le plus de bruit.

207

Une jolie femme ou se croyant telle ne sait aucun gré à ses familiers de leur discrétion à la courtiser. Bien plus, elle finit par leur en vouloir de cela seul qu'ils n'ont pas réussi à lui plaire, alors même que son cœur est occupé ailleurs.

208

Nos années sont comme les livres sibyllins : plus nous en brûlons, plus elles deviennent précieuses.

209

Vous me recommandez de ménager mes forces. Ordonnez donc au phosphore de brûler aussi lentement que le charbon.

210

On n'est jamais un sot absolu quand on le sait.

211

Les sceptiques sont comme des croix plantées à tous les carrefours de la forêt terrestre. Ils étendent les bras dans chaque direction, indiquant ce qu'on trouvera au bout, mais eux-mêmes restent immobiles.

212

Il est fâcheux pour nous que notre mère Ève n'ait pas été une gourmande. Elle aurait mangé sa pomme toute seule dans un coin.

213

Les amitiés du monde sont comme les reliques, qui se sont multipliées à l'infini. Il y en a une ou deux authentiques dans le nombre, mais comment les reconnaître ?

214

Dans le temple du succès tout est grand, sauf les portes, sous lesquelles il faut ramper.

215

Une multitude de petits travaux constitue une grande besogne. Cinq cent mille vers à soie peuvent, en se réunissant, faire avec leurs mâchoires assez de bruit pour troubler le sommeil d'un homme.

216

Nos systèmes cosmogoniques ont à peu près la portée des considérations d'un infusoire sur la genèse de l'Océan.

217

Les époux belliqueux sont comme les cartes à jouer, qui, après avoir bien lutté pendant toute la soirée, finissent par se coucher tranquillement les unes auprès des autres dans la même boîte.

218

On range une jolie femme parmi les talents de son mari.

219

Le vin de Champagne ne mousse que quand il est comprimé. De là l'esprit des journaux sous la Restauration et sous Louis-Philippe.

220

Ceux qui règlent l'étiquette et le bon ton ici-bas devraient bien trouver une façon de boire sans mettre son nez dans son verre, ce qui n'est pas propre du tout.

221

La mort d'un être aimé nous est une douleur moins poignante que son ingratitude. Celle-ci est une plaie vive qui s'envenime journellement de toutes les complications possibles, l'autre, ne nous laissant plus rien à craindre, marche vers la cicatrisation.

222

Le véritable ami est comme le cèdre du Liban. Pendant l'été son ombrage se confond avec celui des autres végétaux; mais quand la bise a fait envoler les dernières feuilles, seul il apparaît toujours entier, toujours touffu, toujours vert.

223

Il faut plus de discrétion pour ne pas demander un secret que pour le garder.

224

Le naturalisme a remplacé la nacelle de Lamartine par un bateau-fleurs.

225

On n'est sûr de parler la même langue que quand on se comprend sans paroles.

226

Malheur au miroir qui dit seulement à une femme : « Vous êtes spirituelle » !

227

Le respect pour la vieillesse ne s'étend pas jusqu'aux vieux coqs.

228

Les âmes foncièrement basses ont souvent l'humeur très égale. A cent pieds sous terre la température reste invariable.

229

Quels imprudents que les amoureux ! Ils ne commencent à patiner que quand la glace est rompue.

230

Quelque plaisir qu'on ait à se faire servir par d'autres, chacun cherche à faire du bruit par lui-même.

231

Le style médiocre trouve facilement des imitateurs et des plagiaires ; le talent original se préserve comme par un brevet d'invention.

232

Nous ne quittons jamais cette terre aussi nus que nous y sommes venus. Notre linceul est toujours trop fin ou trop grossier. Ainsi la réputation que nous laissons nous grossit ou nous amoindrit.

233

L'ingratitude est comme l'intestin, qui rend

en matière stercorale ce qu'il a reçu en aliments.

234

Nous sommes tous des hannetons attachés par la patte à un fil. Oui, mais le fil peut singulièrement varier de longueur.

235

Le cœur d'une coquette est une rose. Chacun de ses galants reçoit une feuille, au mari reste la tige épineuse.

236

La pierre du tombeau devrait être assez dure pour que le serpent de la calomnie s'y brisât les dents.

237

On graisse les roues pour qu'elles ne grincent pas et la patte aux avocats pour qu'ils donnent de la voix.

238

Je sais maintenant pourquoi il est devenu

ridicule de dire : « ma moitié » en désignant sa femme. C'est que, pour rester dans le vrai, il faudrait dire le plus souvent : « mon quart » ou : « mon huitième ».

239

Les vertus ne sont puissantes que quand elles frisent les passions.

240

La vie du monde est un aimant; elle attire les corps qui contiennent du fer, mais sur les nobles métaux elle n'exerce aucune action.

241

Une femme emporte son livre de prières à l'église comme elle emporte son ombrelle à la promenade. Simple affaire de maintien.

242

Les visites sont comme la pluie. On s'en fatigue vite si elles sont quotidiennes, mais pour peu qu'elles retardent elles se font désirer,

243

Vous me dites que M. Emile Zola remue les idées à la pelle. Le contraire m'étonnerait.

244

On nous recommande d'aimer les pauvres, de chérir les malheureux. Tout le monde, alors ?

245

Huit jours d'absence à la suite d'une séparation froide étrangent plus deux amis que trois ans après un arrachement chaleureux. L'eau froide où on le plonge refroidit vite le fer incandescent qui, livré à lui-même, garde longtemps une douce chaleur.

246

J'imagine que les manchots doivent être très embarrassés pour parler à une femme jolie mais sotte.

247

La société se faisant juge de certains délits

rappelle trop ces pensionnaires de maisons centrales jouant à la Cour d'assises dans leurs préaux.

248

Dans l'humanité comme chez les insectes toutes les chenilles ne se métamorphosent pas en papillons. Heureux encore ceux qui, s'enfermant dans leur coque, sont parvenus à la phase de la chrysalide!

249

La femme est comme la coupe du berger de Virgile dont le travail valait mieux que la matière.

250

Nous n'avons qu'un espoir. Si, lors du jugement dernier, Dieu décide que le bien que nous aurons fait par pur respect humain nous sera compté, nous sommes tous sauvés.

251

Il est rare qu'après avoir fait choix parmi bon nombre de joujoux, les enfants soient contents de ceux qu'ils emportent et ne regrettent pas ceux qu'ils ont laissés. Ce genre d'enfance se prolonge assez tard.

252

Les choses se passent dans la vie comme dans un restaurant de troisième ordre. En changeant de femme, on ne change que de bouteille, le vin reste le même.

253

Moi aussi j'ai fait autrefois des rêves dorés, mais toujours par le procédé Ruolz.

254

De toutes les espèces d'animaux qui déshonorent la surface terrestre, qui marchent, rampent, nagent ou volent, l'homme est le seul qui en certains cas reste célibataire. Est-ce réellement une supériorité ?

255

Les gens vindicatifs sont rarement ingrats : ils ont la mémoire du cœur.

256

Le bon sens est l'âne, la passion est le fougueux palefroi. L'un nous mène au marché, l'autre à la bataille.

257

Toujours des chevaux attelés devant des voitures ! Si j'étais riche, il me semble que je voudrais me promener dans un véhicule que les chevaux pousseraient. Qui sait? ces pauvres bêtes elles-mêmes y éprouveraient peut-être quelque soulagement.

258

Rien n'est plus hétérogène que l'instruction des femmes. Leurs connaissances ressemblent à ces mobiliers composés d'un lit en acajou, d'une armoire en noyer et d'une table en palissandre; elles sont dépareillées.

259

Nous avons emprunté aux Allemands le mot : *Halte!* Par contre ils nous ont pris le mot : *Marsch!*

260

Le ridicule tue, dit-on. Oui, mais parfois le tireur maladroit.

261

En blason on appelle comble un chef qui n'a que la moitié de la hauteur ordinaire. Les héraldistes s'étonnent de peu.

262

Cessons donc de nous représenter nos ancêtres religieux comme de braves chanoines ankylosés dans leur prébende. Et n'oublions pas que Jérémie a douté, saint Paul blasphémé, David failli, saint Pierre renié, et Jésus lui-même demandé pourquoi.

263

Quand on aura tout inventé, il sera d'absolue nécessité de tout oublier, sans quoi les inventeurs seraient aux abois, et alors adieu le progrès!

264

Rien n'égale les caprices de l'eau. Quand c'est un vase qui est fêlé, elle s'en échappe, mais dès que c'est un soulier qui a des trous, elle y pénètre.

265

Les âtres des froids appartements de l'époque Louis XIV ressemblent aux anciens drames où le plus intéressant de l'action se passe dans la coulisse : la meilleure partie du calorique passe dans la cheminée.

266

Héraclite ne riait jamais. Si on l'avait chatouillé pourtant ?

267

Pour créer l'homme, Dieu prit, dit-on, une simple motte. Il cherchait donc déjà à imiter la nature ?

268

La tête d'un artiste en démence est un flacon

précieux que la fermentation a fait éclater, le crâne d'un idiot est un seau qui fuit.

269

Vue à distance, notre terre galopant dans l'espace avec une vitesse de 100,000 kilomètres à l'heure et ayant la lune à ses trousses, doit produire l'effet d'un chien qui se sauve avec une casserole attachée à la queue.

270

Toutes vos réflexions sentent l'huile. — Soit, elles n'ont du moins pas le goût de vinaigre.

271

C'est le motif de l'acte qui constitue son essence. Deux hommes dépensent chacun cinq francs de trop à leur repas, mais l'un pour bien dîner, l'autre pour en avoir l'air. Ce ne sont pas seulement deux prodigues, mais l'un est un gourmand, l'autre un vaniteux.

272

Un mal de dents est bien vite oublié, pourvu que la dent elle-même sorte de la tête.

273

La France en a assez des coups d'Etat : il ne lui plaît plus d'être battue.

274

Dans la marche à la conquête de la vérité scientifique il est un point variable où s'arrête chaque entendement. Ainsi, dans le désert, on voit chaque pèlerin tomber à une distance du sanctuaire proportionnelle à la vigueur de ses jarrets.

275

Longtemps n'est pas éternel, mais l'éternité c'est long.

276

Il ne faut pas remettre au lendemain ce qu'on peut faire le jour même, à moins que ce ne soit une sottise.

277

Si le singe n'est pas notre ancêtre, de qui tenons-nous donc cet art accompli des culbutes, des volte-face et des grimaces ?

278

Les charmeuses savent apprivoiser tous les serpents, excepté celui de la jalousie.

279

Il y a des jours où, tout en se sentant plus malade, on souffre mieux que d'autres jours. C'est qu'alors l'âme se porte bien. L'idéal serait d'accentuer cet état de façon à supporter gaiement les plus cruelles maladies.

280

Les compliments ne sont plus guère acceptables que quand ils prennent la tournure d'un reproche, sauvant ainsi la fadeur du fond par l'étrangeté aigre-douce de la forme. C'est, au lieu de dorer la pilule, poivrer les confitures.

281

Le grand avantage de prendre une maîtresse de race nègre ou foncée, c'est que quand elle se livre à vous on a toujours l'excuse de croire qu'il fait nuit.

282

Les gens à imagination, obsédés d'eux-mêmes, qui cherchent un refuge dans la distraction, sont aussi bien avisés qu'un baigneur à bout de forces qui pour ne pas se noyer se lesterait dans son trouble d'une ceinture d'éponges. Les distractions qu'ils poursuivent, loin de les soutenir, ne font alors que les imbiber de nouvelles sensations qui les enfoncent davantage et accélèrent leur submersion intellectuelle.

283

La félicité est la belle-mère de la vertu.

284

La femme est une traduction libre de l'homme. Elle se rend maître de l'original, mais sans s'asservir au texte.

285

Ce qui est triste, c'est de constater combien nous est pénible la privation des choses mêmes dont la jouissance nous est le plus inappréciable. Qui s'avise, par exemple, de s'amuser à respirer ? Et pourtant, à la moindre oppression, quelle souffrance, quelle angoisse !

286

Sans se laisser égarer par les préjugés et les déclamations, il est probable que, tout bien examiné, le sexe supérieur est encore le masculin, si on en excepte la femme, bien entendu.

287

Les prototypes des deux forces : la force morale et la force physique, Hercule et Caton, se sont tués. Donc, dit la sagesse des nations, le suicide est une lâcheté.

288

Du sublime au ridicule il n'y a qu'un pas, mais du ridicule au sublime il y a un abîme.

289

Pourquoi ne changerait-on pas d'opinion? N'est-ce pas encore le meilleur moyen de prouver qu'on en avait une?

290

L'ambitieux se regarde comme le créancier du destin, l'homme modeste comme son débiteur.

291

Une femme qui rend malheureux ou ridicule son mari occasionne dix vieilles filles.

292

Se venger sur un ami est aussi fou que de ferrailler contre un adversaire en tenant l'épée par la pointe.

293

L'esprit humain passe sans cesse d'un extrême à l'autre. Ce qu'aujourd'hui il déifie, demain il le défie.

294

Je frémis de penser aux représailles que nous aurons à exercer un jour envers les habitants de la lune quand je songe combien de fois la lune rousse a empêché l'apparition précoce des petits pois.

295

On a raison de comparer la froideur de certaines dames à la glace : il suffirait d'un diamant pour l'entamer.

296

Les délicats ne supportent pas plus volontiers l'éloge que le blâme de n'importe qui.

297

Qui connaît un homme ne connaît qu'un homme ; qui connaît une femme en connaît dix mille.

298

La gloire est un génie ailé qui plane, la popularité une vieille commère qui va caquetant de porte en porte.

299

C'est un fait reconnu que le titre d'un livre exerce une grande influence sur la vente et sur le succès. Comment se fait-il donc que les titres aient une si grande importance dans la république des lettres ?

300

Si l'union seule fait la force, Dieu n'est donc pas fort ?

301

Un malfaiteur est difficilement varié. Le noir est l'absence de toute couleur.

302

Il est heureux encore celui qui comprend son malheur, mais irrémédiablement infortuné celui qui ne goûte pas son bonheur.

303

Quelque génie qui y soit déposé, tout volume de prose qui ne sera pas facilement intelligible à un bon élève de seconde est destiné à périr. Les peuples modernes ont décidément renoncé à l'hiéroglyphe.

304

La trahison ne prospère jamais. En effet, quand elle prospère, nul n'ose plus l'appeler trahison.

305

Pourquoi blâmer si fort nos petites femmes fin de siècle? Il faudrait plutôt les féliciter, alors qu'elles se donnent tant de mal pour se rendre inoffensives.

306

Le danger se mesurant uniquement à la crainte que nous ressentons dans le moment, il n'y a danger absolu à rien, et les gens dits courageux n'ont aucun mérite.

307

Nous méprisons le bourreau et nous honorons le procureur général. Si un polisson nous jetait une pierre, est-ce donc à la pierre que nous nous en prendrions?

308

L'envie est une passion limitée dans son objet. On n'envie jamais un cul-de-jatte.

309

Le calomniateur est mieux armé que son collègue le frelon : il ne perd pas son venin à la première piqûre.

310

Ce sont ceux qui ne pensent qu'à eux-mêmes qui s'oublient le plus.

311

Les lois sont comme les femmes : on les viole alors surtout qu'elles sont mineures. Avec l'âge elles deviennent respectables. Plus tard, elles radotent et le temps les emporte.

312

L'homme a été créé de boue, ce qui lui rappelle en même temps sa bassesse et sa grandeur.

313

Le mépris, du moins excessif, peut empêcher l'amour de naître, mais survenant après coup il ne gâte rien. Ainsi un bain dans lequel on commence par verser l'eau froide, ne se réchauffera jamais; mais si on y verse d'abord l'eau chaude, il pourra garder une température d'une tiédeur douce.

314

L'allure des observateurs de mœurs semble souvent fantasque : ainsi le vol de l'hirondelle paraît capricieux pour qui ne voit qu'à chaque crochet elle prend un moucheron.

315

Pourquoi enseigne-t-on si précieusement aux soldats à marcher au pas ? Va-t-on au pas sur le champ de bataille ou quand on monte à l'assaut?

316

Ah! pourquoi le bon Dieu a-t-il inventé l'enfer? Quelle jolie occasion il a manquée là d'être aimé pour lui-même !

5.

317

De même que les femmes ont des scrupules qui meurent dans le cours d'une soirée, les nations ont des pudeurs qui durent l'espace d'un ministère.

318

Si la vie vous est à charge, sortez-en, la porte du cachot vous est toujours ouverte. — Oui, mais si j'y suis enchaîné ?

319

Quelle drôle de figure devaient faire en face l'un de l'autre nos premiers parents avant d'avoir inventé les mots ! Avoir une langue et rien à mettre au bout ! Ont-ils dû souffrir ! Eve surtout !

320

On a bien raison de dire que la vie est un combat. Ceux qui fuient la mêlée n'y gagnent le plus souvent que d'être frappés par derrière.

321

Les théologiens ont cru nécessaire d'édicter

le devoir conjugal. Eh bien ! et le devoir de manger et de boire, comment n'a-t-il pas encore ses législateurs ?

322

Les industriels qui introduisent du plâtre dans leurs vins mériteraient d'être battus comme l'élément de sophistication qu'ils ne rougissent pas d'employer.

323

Certains écrivains ont le triste privilège de marier l'obscène au banal ; on peut dire d'eux qu'ils vident les lieux communs.

324

On a bien fait de prendre la pourpre comme emblème de la gloire. La cochenille ne peut naître qu'après la mort de sa mère.

325

Les premiers fumeurs ne durent pas trouver l'odeur du tabac agréable, puisqu'ils l'appelèrent *petun*.

326

Le monde est un élément fluide, c'est entendu. Au lieu donc de nous obstiner à marcher sur les flots, apprenons une bonne fois à nager.

327

M. Colonne termine volontiers ses concerts dominicaux par une marche nuptiale, pour bien montrer que le divertissement est fini.

328

L'homme qui « éclaire » est celui dont un corps souple fait jaillir des étincelles d'or en le frottant.

329

Tout s'efface à distance. Pour le conseil municipal de Paris, Pascal est un jésuite, et sur plus d'une cheminée Rousseau est le parèdre de Voltaire. Le vingtième siècle y mettra peut-être Jules Lemaître comme pendant à Georges Ohnet.

330

Pour nous montrer combien la renommée nous tourne la tête, on a choisi le laurier, qui est un stupéfiant.

331

Peu de femmes enfouissent leurs chagrins au fond de leur âme, car personne ne pourrait les y voir.

332

Quelle bizarrerie que de désigner une tour par les initiales de son inventeur : F. L.!

333

La vraie marque d'équilibre intellectuel n'est pas d'avoir constamment du bon sens, mais d'en manquer à l'occasion, de lever et de fermer à volonté l'écluse de ses pensées, en un mot de mettre son imagination au cran exact où il nous plaît de l'arrêter pour le moment.

334

Il faut bien que la première chose ait été faite

de rien, car si elle avait été formée de quelque chose, ce ne serait pas la première chose.

335

Il n'est pas facile de mourir en état de grâce, car il faut tomber « juste. »

336

L'ambition ne nous semble une passion plus tenace que l'amour que parce qu'elle s'appelle toujours ambition même quand elle voltige d'un sommet à l'autre, tandis que l'amour s'appelle inconstance dès qu'il change d'objet.

337

Certains portent les palmes académiques comme les oiseaux palmés.

338

Autrefois c'étaient les extrémités du corps social qui souffraient, aujourd'hui c'est le cœur. L'humanité mourra d'un anévrisme.

339

Si Napoléon 1ᵉʳ s'était fait tailleur ou chapelier, que serait-il advenu de son génie ? La faillite sans doute, car il aurait tout fait trop grand.

340

Le scepticisme est quelque chose entre l'erreur et la vérité comme un œuf de Paris est quelque chose entre les poulets et les œufs frais.

341

Dans la plupart des réunions d'hommes politiques auxquelles j'ai assisté, je n'ai trouvé que l'esprit de parti. Tout le reste était encore là.

342

Pour irriter une plaie très aiguë, il n'est pas nécessaire de la gratter, il suffit de la frôler, il suffit, hélas ! de la panser, que dis-je ? d'y penser.

343

Le croyant qui blasphème me rappelle le contrefacteur de billets de banque qui est obligé de copier avec soin sa condamnation aux travaux forcés à perpétuité.

344

Il faut jeter sa gourme de bonne heure si l'on veut être plus tard un mari modèle. C'est encore avec les débris des bâtons de chaise que l'on chauffe le mieux le foyer conjugal.

345

L'homme bien élevé est comme la pièce d'or qui est acceptée en tout pays ; l'homme demeuré fruste est la monnaie de billon qui n'a cours que dans son pays d'origine et dont la valeur intrinsèque est encore inférieure à son taux de circulation.

346

Ceux qui après avoir amèrement disserté sur la conduite d'autrui se croient irréprochables sont comme ces enfants qui se jugent plus sages que leurs camarades uniquement parce qu'ils sont rapporteurs.

347

En général, les femmes se perdent par la tête et se sauvent par le cœur. C'est le contraire pour les hommes.

348

Les pauvres d'esprit ayant un intérêt direct à voir proclamer l'identité de tous les êtres, je m'étonne que la doctrine de Schopenhauer n'ait pas rencontré parmi nous plus d'adeptes.

349

Il n'y a que deux catégories de femmes : celles qui baisent et celles qui biaisent.

350

Plus d'un homme célèbre doit sa gloire à ses ennemis.

351

Ceux qui dans la vie se reposent sur le mérite de leurs ancêtres rappellent tout à fait les pommes de terre dans les champs, dont la partie la plus utile est enfouie sous le sol.

352

La plupart des hommes n'arrivent aux hauteurs que comme les ramoneurs, en rampant à travers des conduits sombres et crasseux et en se rendant tout noirs.

353

On a toujours quelque recoin du cœur à épousseter.

354

Le métier de renard est perdu ; il y en a dix pour un corbeau.

355

Une passion profonde, c'est le glaive aux flancs d'Epaminondas, dont on meurt si on ne l'arrache pas et dont on meurt encore plus vite dès qu'on l'arrache.

356

Les gens que de fortes passions ont induits à commettre toute leur vie des sottises ou des infamies ont du moins la consolation de se dire que ces passions, avant de les égarer, ont vécu en eux à la phase licite, ce dont ne peuvent se flatter les nombreux mollusques qui bavent sur eux.

357

A la limite du terrain de culture de la raison pousse la bruyère des préjugés.

358

Ceux qui se disent revenus de tout ne sont, dit-on souvent, pas allés bien loin. Pardon, ils ont pu aller jusqu'au pays des chimères.

359

N'envions pas aux anciens leur opulente mythologie. En comptant bien, notre philosophie moderne possède autant de systèmes qu'il y avait de dieux logés dans leur Olympe.

360

Le mari qui tend des pièges de toute sorte à sa femme, l'exposant à des tentations sans cesse renaissantes et lui faisant payer une minute d'oubli par de longs mois de souffrance qui mettent finalement sa vie en danger pourra toujours s'excuser en disant qu'il n'a fait qu'imiter la conduite du bon Dieu à son égard depuis le péché d'Ève.

361

Il faut hurler avec les loups, je le veux bien ; mais il faudrait aussi à l'occasion tâcher de chanter avec les rossignols.

362

L'amour est fort comme la mort. O parole rassurante ! Du moins pouvons-nous entrevoir un terme à sa tyrannie.

363

Je connais des honnêtetés chroniquement égarées qui passeront en purgatoire au bas mot les trois quarts de l'éternité.

364

Parvenu au terme du livre de la vie, qui consentirait à le refeuilleter ? Un second volume, oui.

365

On commence proprement à vieillir bien avant son premier cheveu blanc. C'est dès le milieu de l'année que les jours vont en diminuant.

366

Il n'est pas rare que dans un vice usé jusqu'à la corde il y ait encore de quoi tailler une qualité moyenne.

367

La plupart des prières que nous adressons à Dieu sont comme les ballons du Louvre : elles ne nous coûtent guère et ne montent pas bien haut.

368

On a tort sans doute de brûler la chandelle par les deux bouts, car ce doit être la ruine des tapis. Il est à remarquer toutefois qu'on économise ainsi les chandeliers.

369

« Les gens de qualité savent tout sans avoir rien appris. » Vous aviez raison, Molière, sans vous en douter. Ils savent tout, puisqu'ils savent la vie, qui tient lieu de tout.

370

La Commune, semblable au phénix, renaît des cendres qu'elle a faites.

371

Ceux qui sont toujours prêts à verser la dernière goutte de leur sang ont rarement versé la première.

372

Si tous payent durement l'impôt, c'est le petit nombre qui en profite. Au char de l'Etat beaucoup d'attelés, peu d'élus.

373

Répéter des calomnies dont on n'est pas l'auteur est un délit au même titre que faire passer sciemment de la fausse monnaie qu'on n'a pas fabriquée.

374

Si notre ami le plus cher et le plus indulgent nous voyait une seule minute moitié aussi noirs que nous le sommes, nous mourrions sur le coup de honte.

375

Un des fleuves qui, infidèle à sa mission, a fait le moins de bruit dans le monde, c'est le Pruth.

376

Comme les plantes de plein air, la faute mise au grand jour reste plus longtemps vivace que celle qu'on étouffe dans la serre chaude de la conscience.

377

La plupart des passions nous vieillissent avant l'âge. Ce sont les rides de l'âme.

378

La Providence toujours équitable n'a pu

donner tout au même : les uns ont reçu en partage de l'esprit, les autres un larynx sonore.

379

Nous décernons parfois le titre de ratés à des gens qui toute leur vie ont réussi ce qu'ils ont tenté, simplement parce qu'ils ne rament pas sur la même galère que nous.

380

Celui qui regarde une femme avec convoitise a déjà commis l'adultère dans son cœur. Comment repousser alors la tentation d'un crime dont l'accomplissement n'entraîne aucune aggravation ?

381

Plus on vieillit, plus on reçoit de lettres de faire part de décès et moins d'invitations à des mariages.

382

Nous ne nous gênons guère pour demander à Dieu des services même après l'avoir offensé.

Nous avons décidément mauvaise opinion de sa mémoire.

383

Les habitants du pôle doivent être fort embarrassés quand ils illuminent, ne sachant jamais à quel moment il faut éteindre leurs lampions.

384

Le scepticisme n'est souvent qu'un masque qui dissimule une réelle terreur de savoir. Qui doute redoute.

385

On ne saurait trop rendre hommage à la tactique aussi habile que modeste de nos gouvernants. Ils ont avili le pouvoir au point d'en dégoûter les moins séditieux.

386

Dans nos châteaux en Espagne il est rare que nous songions à la chambre de l'ami.

387

Le morcellement de la propriété s'est répercuté dans le domaine de l'intellect. Que d'écrivains en sont déjà réduits à un arpent ou deux !

388

Pour la plupart des gens la morale est considérée comme le palladium, l'arcane d'une religion. Ce n'en est que le bric-à-brac, la recette de bonne femme.

389

Rien ne résiste à la force contagieuse de l'amour. L'aimant passionne l'aimé, même si celui-ci est de fer.

390

Tout ce que nous lisons ne profite pas. Ce n'est pas ce qu'il mange qui nourrit l'homme, c'est ce qu'il digère.

391

On dit d'un homme stoïque et inébranlable :

Il est mort debout. Beau miracle ! La plus humble fleur des champs en fait autant.

392

En criant : Vive le roi ! il se peut qu'on acclame le nom d'un tyran, mais en hurlant : Vive le peuple ! on en est sûr.

393

La seconde édition qu'une femme fait de son cœur est toujours moins correcte que la première, et ainsi de suite. A composer elle se fatigue vite.

394

Si le dévouement est la racine de l'amitié, les petites attentions en sont le chevelu, aussi nécessaire à la vie de la plante que la souche principale.

395

Comment ! Encore un réveil de spiritualisme maintenant ? Pour aboutir dans vingt ans à une nouvelle *Philosophie positive*, sans doute ! Non merci, laissez-nous comme nous sommes,

396

La religion, qui a été le lait de notre enfance, peut encore sur le tard servir à réparer nos forces, comme ce koumiss des Tartares qui, frais, alimente les nourrissons, et fermenté, rafraîchit les guerriers.

397

— Vous ne m'aimez plus ? — Non. — Je suis pourtant semblable à ce que j'ai toujours été. — C'est justement pour cela que je ne vous aime plus.

398

Sémiramis apaisa une sédition en se montrant demi-nue à son peuple. Que d'émeutes de salon un pareil laisser-aller n'a-t-il pas suscitées depuis lors !

399

Souvent le contact trop brusque des natures expansives et tumultueuses vous glace. Pour se rafraîchir, les Chinois se plongent le visage dans des serviettes imbibées d'eau bouillante.

400

Les amours des sens brûlent comme la poudre, ceux du cœur comme du bois, ceux de tête comme l'amadou.

401

Les meilleurs professeurs ne sont pas ceux qui pratiquent la science pour leur compte. Chose singulière, celui qui a dû apprendre à nos femmes à être meilleures mères, c'est J.-J. Rousseau, un homme qui ne savait pas être père.

402

Les gens blessés à la guerre devraient seuls avoir le droit de porter une décoration qui a l'aspect d'une cicatrice.

403

Se fourrer le doigt dans le nez, c'est se le fourrer dans l'œil, au regard des convenances sociales.

404

Quand, plongeur désespéré, on a une fois

touché le vrai fond de la vie, il vous reste à jamais de la vase plein l'âme.

405

Il y a des misérables auxquels on ne crache pas au visage de peur de les essuyer.

406

Dans les tourbillonnements d'idées propre à l'enthousiasme il semble que leur nombre soit démesurément accru, de même qu'on ne se croit jamais plus de livres que quand la bibliothèque n'est plus rangée.

407

La vieille Europe cherche à adoucir ses mœurs en popularisant l'usage de la musique ; c'est comme si elle chantait.

408

On trompe bien plus sûrement son prochain par la vérité que par le mensonge.

409

Il y a des flâneurs qui ne connaissent en fait de musée que les affiches et en fait de bibliothèque que les vitrines de libraires. Ils feuillètent leur époque non du pouce, mais de l'orteil.

410

La volonté est tantôt libre, tantôt enchaînée. Qui établira un jour le casier judiciaire du libre arbitre ?

411

Je connais des gens sensés qui gagneraient à devenir monomanes. Ils seraient sûrs d'avoir eu au moins une idée dans leur vie.

412

Rien n'égale la froideur qui remplace une passion morte. Quand le feu est éteint, le coin de la cheminée est l'endroit le plus glacé de l'appartement.

413

Les larmes qui siéent mal sont vite sèches.

414

Les femmes mentent le plus souvent, non pour tromper, mais pour plaire. Si elles cachent la vérité, c'est pour l'embellir, non pour la déguiser.

415

Ce qui a amené la caducité prématurée de Versailles, c'est peut-être sa privation de rivière. Si, comme on l'a dit, les rues sont les tranchées des villes, les fleuves en sont comme les artères. Eh bien! l'aorte postiche de Marly n'a pu entretenir dans le chef-lieu de Seine-et-Oise qu'une nutrition aussi factice que la perruque de Louis XIV.

416

Il y avait autrefois à Naples un décret qui excusait tout attentat commis pendant le souffle du sirocco. Je m'abuse peut-être, mais dans cette simple concession j'entrevois le germe de toute une législation rationnelle.

417

Les femmes sont les anguilles de la discussion.

418

Souvent on a besoin de se plonger tout entier dans les bas-fonds de la société pour en acquérir plus de vigueur. Rien de plus fortifiant que les bains de boue.

419

Ne plaignons pas trop les femmes laides ; elles ne sont pas privées de toute affection. Si elles ne sont pas aimées des hommes, elles sont chéries de leur sexe, à elles.

420

Les reproches trop multipliés, loin d'amollir le cœur, tendent plutôt à le durcir. Plus on fiche d'épingles dans une pelote, plus on la rend et dense et résistante.

421

J'admets que l'on compare la femme à une fleur, depuis qu'on m'a révélé l'existence des plantes carnivores,

422

Le doute est un oreiller commode, surtout pour ceux dont les cornes poussent.

423

Les futurs amants, les époux dont l'union est écrite là-haut, errant de par le monde sans s'être encore rencontrés, sont comme deux adversaires dans le duel à l'américaine. Heureux qui le premier sera à même de viser l'autre, il l'abattra à coup sûr.

424

Personne n'est plus à plaindre qu'une jeune femme qui a en même temps les yeux petits et les dents belles ; elle ne peut montrer beaucoup celles-ci sans dilater sa bouche, ce qui rétrécit encore ses yeux.

425

Le mystère grossit le danger comme le brouillard grandit le soleil. La main vengeresse qui fit trembler Balthazar ne devait son influence terrifiante qu'à ce qu'elle manquait de corps.

426

Quoi de plus superflu que de contredire les femmes ? N'est-ce pas empiéter sur leur domaine propre ?

427

La noblesse est un fleuve qui se jette dans l'Océan Pacifique du temps, mais bien différente des autres fleuves, elle est plus grande à sa source qu'à son embouchure.

428

Les femmes qui usent avec excès des parfums prennent les hommes pour des phoques, vulnérables surtout par le nez.

429

On dit que la nécessité ne connaît point de loi. C'est sans doute la raison pour laquelle tant de gens font de nécessité vertu.

430

L'amour n'est jamais si doux qu'après une

querelle où des mots aigres ont été échangés. Ainsi l'huile coule de l'olive amère.

431

On ne se délivre d'une passion qu'en faisant la part du feu. Mais lequel de nous aura le courage du renard, qui, ayant eu la patte prise dans un piège, se la retranche d'un coup de dent ?

432

Nous pardonnons plus volontiers un trou dans le caractère d'une personne que sur ses habits.

433

Il est peut-être aussi monstrueux d'aimer une femme qui a de la logique dans l'esprit que de rechercher les faveurs d'une femme à barbe.

434

Un deuil qu'on s'est pleinement assimilé peut prolonger nos jours comme certaines maladies soutiennent l'existence. On cite une veuve dont les regrets à la mort de son conjoint furent si poignants, qu'elle succomba à son chagrin trente-huit ans après, jour pour jour.

435

Il faut distinguer deux espèces de lieux-communs : les faux et les vrais. Ceux-ci sont les moins supportables ; ils déshonorent la vérité comme une femme plate discrédite la vertu.

436

Plus une femme a d'amants, moins elle est adultère.

437

Saint Patrick se servait, dit-on, de la feuille de trèfle pour faire comprendre aux Irlandais le mystère de la Sainte Trinité. Quelle ne dut pas être sa stupeur le jour où il cueillit un trèfle à quatre feuilles !

438

Montrez-moi tous les chapeaux qu'un homme a portés dans le cours de sa vie, et j'écrirai d'après cela sa biographie.

439

Les femmes ne cessent de réclamer une place toujours plus grande dans la société. Elles devraient songer que grâce à leurs crinolines, à leurs tournures, à toutes leurs saillies, postiches ou non, elles occupent déjà dans le monde un espace beaucoup plus considérable que nous.

440

La tête est la partie du corps que nos sœurs et nos filles ornent le plus coûteusement, sans doute pour mieux nous convaincre de son existence.

441

Plus d'un sycophante a cru pouvoir se passer d'orthographe. Mais un stylet ne remplace pas le style.

442

Les jeunes modistes ont beau faire des économies ; elles ne parviendront jamais à doubler leur capital.

443

Louange à Noé, le premier observateur qui s'aperçut que la terre tourne !

444

Etant donné que l'amour aboutit fatalement à une saleté, n'est-il pas infiniment plus conforme à la pudeur de céder à une attaque à la hussarde que de préparer par une longue préméditation cet immonde incident ?

445

Il vaut mieux morigéner son fils de bonne heure que d'être réduit à l'origéner plus tard.

446

Les anciens nous ont peint la Vérité sous les traits d'une femme. Ceci semble dénoter un médiocre esprit d'observation.

447

Il ne faut pas trop plaindre les aliénés qu'on

soumet au régime cellulaire. Aussi heureux que Pellisson, ils peuvent faire la causette avec leur araignée.

448

Que l'intérêt signe au contrat, passe encore, mais que du moins il s'arrête à la porte du temple et surtout ne franchisse pas le seuil de la chambre nuptiale.

449

Tous les hommes ne sont pas envieux les uns des autres, mais toutes les femmes se jalousent : on dirait qu'elles suivent toutes la même profession.

450

Plus on se courbe, plus on a de chances d'avancer. Quatre pattes vont plus vite que deux pieds.

451

Si le serpent n'a pu entamer la lime, sa bave a du moins pu la rouiller, et la rouille à la longue ronge l'acier.

452

Avant d'adresser la parole à une personne, on se découvre. La préface est le salut du livre.

453

Nos ancêtres avaient bien connu une sainte *en poule*, mais il nous était réservé de voir Marie à la coque.

454

La vie, comme un instrument à cordes, est rendue plus suave en étant tour à tour tendue et relâchée.

455

Il est permis d'habiller la Vérité, mais non de la maquiller.

456

Les derniers outrages? Rigoureusement on ne devrait employer cette expression que lorsque le malfaiteur a assassiné sa victime aussitôt après.

457

En comparant l'anarchie à une hydre, on lui attribue sept têtes ; c'est peut-être de la générosité.

458

Quand on voit venir vers soi quelqu'un qui ressemble à un de vos amis, on fait effort pour compléter la ressemblance, on tâche que ce soit lui. Je ne doute pas que si cette projection de volonté était assez intense, l'identité se produirait. La preuve, c'est que souvent on rencontre la personne désirée au tournant de la rue.

459

Par une imprudence inexplicable ce sont les régions où pullulent les insectes venimeux et les reptiles que l'homme a choisies pour s'y promener nu.

460

Il faut juger les gens non sur ce qu'ils font, mais sur ce qu'ils veulent, non sur leurs actes ou leurs paroles, mais sur leur idéal. Voltaire et

Diderot ont écrit des sermons, Montesquieu a sans doute ordonné plus d'une fois la torture et Képler, pour vivre, tirait des horoscopes.

461

Rien n'égale l'aveuglement des souverains. Le couple impérial qui habita vingt ans les Tuileries n'a pas prévu un seul jour la tuile du 4 septembre.

462

La parure est une arme si victorieuse que, comme le prêtre avant de ceindre l'étole, la femme ne devrait s'en investir qu'après l'avoir sacrée de son baiser.

463

Les modernes, comme aux jeux antiques des lampadophores, se transmettent le feu de leurs cigares pour trouver la vie moins longue.

464

Quand un mortel a séduit une jeune fille innocente, c'est-à-dire s'est conduit envers elle comme le dernier des goujats, nos mœurs exigent impérieusement que la victime soit rivée pour toute sa vie à ce galant homme. O logique de la civilisation, je te salue.

465

Il ne sert à rien de cultiver plusieurs affections à la fois, il est rare qu'elles ne se fanent pas toutes en même temps.

466

A l'époux les soucis politiques; à l'épouse les soins du ménage. Celui-là doit se préoccuper de trouver un bon maître; celle-ci, un bon domestique.

467

Quand un homme jouit d'une réputation bien établie d'original, il n'a plus qu'à se laisser aller; et même rien ne sera plus excentrique de sa part que de verser dans le banal.

468

En amour, a-t-on dit, on ne détruit à jamais

que ce qu'on remplace, j'ajouterai : en mieux.

469

A mesure qu'on vieillit aux côtés d'une femme, on trouve plus plausible la croyance aux sorcières.

470

Le naturalisme, ayant rogné à l'amour ses ailes, ne nous a laissé que les cuisses.

471

Notre curiosité à l'endroit de l'origine des fortunes est en raison inverse de leur opulence.

472

Le vent de l'adversité nous élève comme le cerf-volant, à la condition de ne pas lui faire face, mais de le couper suivant un certain angle habilement calculé.

473

Si les études mythologiques n'étaient pas

aussi négligées, les amants ne devraient s'entretuer qu'avec des flèches.

474

En échange du plus riche trousseau l'homme se trouve suffisamment récompensé par le don d'une simple petite clef, celle de la chambre nuptiale.

475

L'Eternel semble avoir prévu nos goûts en matière d'ameublement quand il a placé les yeux qui sont le miroir de l'âme juste au-dessus du nez qui en est la cheminée.

476

Qui veut prendre en main les rênes du pouvoir doit savoir user de ficelles.

477

Les hommes habitués de longue main au respect des jeunes filles s'abstiennent sans effort, comme ce brochet qui, enfermé dans un aquarium avec des goujons dont il n'était séparé que par une cloison de verre, n'y toucha plus, une fois le verre enlevé. Il en avait pris son parti; peut-être même les aimait-il mieux ainsi.

478

Le feuilleton pornographique remonte loin, s'il faut croire que la première feuille fut empruntée à la vigne.

479

Toutes nos précautions sont vaines. Un empereur a été empoisonné par l'Eucharistie, et des maladies contagieuses ont peut-être été transmises par un morceau de savon.

480

Ceux qu'on appelle des moulins à paroles sont encore flattés, puisqu'ils ne donnent généralement que du son.

481

Comme Josué, Napoléon a eu un soleil qui l'a rendu célèbre, celui d'Austerlitz. Malheureusement il n'a pu l'arrêter.

482

La vraie forme de la robe est le fourreau, s'il est vrai qu'elle enveloppe tant de fines lames.

483

Nous avons le fonctionnarisme tellement chevillé dans l'âme que je m'étonne parfois de ne pas voir encore nos anarchistes embrigadés et nos collectivistes émarger au budget.

484

En renonçant à son rêve religieux pour se consacrer au culte de l'or, Israël a remplacé l'échelle de Jacob par celle des primes.

485

Le train-express qui emporte les générations a dû traverser pendant le moyen-âge un long tunnel. Aujourd'hui nous sommes sur un haut viaduc : de l'air dessus, dessous, et beaucoup de vent.

486

Quoi de plus philosophique que la langue latine qui avec les mêmes syllabes disait : « aimer » et « amèrement » ?

487

Il ne faudrait pas trop nous hâter de faire un mérite aux philosophes de ce qu'ils ne s'accordent jamais entre eux; toutes les femmes en sont là.

488

On prétend que la machine pneumatique démontre la nécessité pour les animaux d'un air respirable; moi, je trouve que l'expérience cloche.

489

Quelle folie que le mariage! Comment veut-on que deux personnes si différentes d'habitudes, de taille, de goûts, de vêtements, de religion, et surtout de sexe, puissent s'entendre? Un poète a-t-il jamais songé à accoler une rime masculine à une rime féminine?

490

De nos jours on dissèque les condamnés à mort après l'exécution. Sous le régime de la torture on pratiquait l'autopsie avant. Voilà toute la différence.

491

On oublie trop que le précepte : « Ne mangez point du fruit de cet arbre » n'a point été adressé à la femme, mais à l'homme seul. Car notre première mère n'était pas encore créée lorsque Dieu fit cette défense et nous ne voyons point qu'elle ait été réitérée depuis sa création. Qu'on ne nous parle donc plus du péché d'Ève.

492

J'admettrais bien encore qu'en mariage le pavillon couvre la marchandise, mais pourquoi faut-il que les femmes le brodent elles-mêmes ?

493

L'enfant reste en tutelle jusqu'à vingt et un ans. La vieillesse étant une seconde enfance, il y aura une lacune dans le Code, tant que le citoyen ne sera pas replacé en tutelle pendant les vingt et une dernières années de son existence.

494

Ce qui devrait décourager les menteurs, c'est que ce qu'ils inventent est peut-être vrai au fond.

495

Je comprends qu'on ait comparé la femme au papillon, depuis que j'ai appris que ce lépidoptère peut voler pendant deux jours sans sa tête.

496

Que serait-il arrivé si Charlotte Corday, séduite par les charmes secrets de Marat, en était tombée amoureuse ?

497

Le mérite capital du trait d'esprit est d'être lancé à propos ; c'est ce qui explique la froideur des recueils de ce genre. Contrairement à sa mission, aucun mot n'y fait « saillie ».

498

Certaines filles très haut cotées à la Bourse de la galanterie n'ont d'autre plaisir ici-bas que de ruiner les mineurs de bonne famille. Si seulement elles acceptaient leur amour par dessus le marché !

499

Les ratés de la bureaucratie sont comme les pensionnaires des prisons anglaises. Chaque effort qu'ils font pour s'élever est un pas sur le *tread-mill*, qui ne sert à faire marcher que la machine gouvernementale.

500

L'âme humaine est homogène. C'est l'argile plus ou moins poreuse de nos corps qui en retient ou en laisse transpirer le parfum.

501

Rien de plus malheureux que la femme adultère quand elle n'a plus son mari pour la consoler.

502

Les joies pailletées du monde déchirent plus de cœurs qu'elles n'en chatouillent.

503

Les paroles dessinent, le timbre colore, mais l'accent grave.

504

On n'entre dans le cœur de certaines femmes qu'à quatre chevaux.

505

Je me suis souvent demandé si le tabac en poudre utilisé suivant la méthode de nos Invalides, c'est-à-dire séché au soleil, puis râclé soigneusement sur le mouchoir en cotonnade et réintégré dans sa cassolette, si, dis-je, ce tabac gagnait ainsi ou perdait de ses propriétés balsamiques.

506

Pourquoi appeler la valse une danse à deux ou trois temps ? Elle n'a jamais qu'un temps.

507

Le besoin crée l'organe. Les petites villes de province que le chemin de fer n'effleure pas tendent vers lui en guise de tentacule une avenue de bâtisses hâtives. On dirait qu'elles veulent le happer au passage. Je sens qu'il me serait poussé des bras rien qu'à rencontrer un peu souvent mademoiselle X**

508

Si Dieu est infiniment libre, il aurait pu à son choix ne pas exister. Je m'étonne donc qu'il ait préféré l'être au néant, surtout sachant à l'avance ce qui arriverait.

509

Les vieilles gens par leur loquacité rappellent la végétation d'hiver qui, avec le cliquetis de ses branches desséchées, fait dix fois plus de bruit que les arbres couverts de feuilles et en pleine floraison.

510

Les femmes veulent toujours qu'on leur fasse

des présents coûteux. Est-il donc au monde un objet plus précieux à leur offrir pour chacun de nous que sa propre personne ?

511

Les coquettes dans l'épanouissement d'une beauté qui ne craint aucune comparaison se pavanent hardiment aux côtés de leur fille déjà adolescente, comme on pique un bouton de rose au bord d'un corsage opulent.

512

Les étoiles par leur grandeur inconcevable et leur nombre infini rapetissent l'habitation humaine, mais agrandissent le cœur de celui qui les contemple.

513

Avec l'âge, l'amour ne cesse de décroître non seulement en quantité, mais, ce qui est plus triste, en qualité.

514

Ni le soleil ni la mort ne se peuvent regarder

en face, a dit Pascal, il aurait dû ajouter : sauf par les aigles.

515

Plus notre vie est heureuse, plus elle nous paraît courte. La plus longue existence, qui se serait écoulée dans une félicité parfaite, nous ferait sans doute l'effet d'un éclair. Sachant cela, ceux qui aspirent de toutes leurs forces au bonheur sont donc impardonnables de se plaindre de la courte durée des jours.

516

Si l'amour est le mirage de l'âme, l'amitié en est l'oasis.

517

Les astronomes se cassent la tête à rechercher l'origine des aérolithes. Ne serait-ce pas simplement de petites pierres échappées à la fronde des anges rebelles ?

518

Qui sait si toute la poussière des bibliothèques ne vient pas en partie de l'intérieur des livres, et si toute cette cendre d'esprits éteints ne contribue pas dans une forte mesure à l'épaissir ?

519

Nos modernes Diogènes installent volontiers leur tonneau en eux-mêmes.

520

Devant la justice criminelle on présente souvent comme morts-nés des enfants qui en réalité ont été étouffés. Par contre, le tribunal aveugle de la critique déclare volontiers étouffés des produits simplement morts-nés.

521

Pourquoi tant nous hâter de faire se rejoindre dans l'autre monde des individus qui se résigneraient fort bien à attendre ? Il me semble que l'assassin et sa victime, par exemple, ont suffisamment manifesté, chacun de son côté, la répugnance qu'ils éprouvent à se rencontrer. Soyons plus respectueux des goûts de nos contemporains et sachons une bonne fois nous incliner devant leurs antipathies.

522

La polémique agit trop souvent à la façon des lutteurs antiques qui, pour descendre dans l'arène, se couvraient de poussière et de boue.

523

Toutes ces pagodes, ces cathédrales, ces synagogues, oratoires, et mosquées, sont-elles autre chose que le vestibule où s'enferment volontairement les catéchumènes de la foi idéale, le narthex où l'âme encore païenne attend le baptême qui lui donnera enfin accès dans le vrai temple ?

524

Ah ! pourquoi le miroir de poche de la vérité n'est-il pas un miroir ardent à l'encontre de ceux qui la compromettent de leurs louches assiduités ?

525

Il ne faut pas prendre l'emphase pour la grandeur ni la morgue pour la fierté. La bonne mine ne consiste pas à avoir le teint couperosé.

526

Toute la différence entre les platoniques et les sensuels, c'est que tandis que les derniers exigent l'ensaisinement de la cuisse, les premiers se contentent de râcler le jambon.

527

La physique deviendra de plus en plus métaphysique, je n'ose ajouter : et réciproquement.

528

Toutes nos qualités sont des sources de gêne. Mais à tout prendre il vaut encore mieux trop de mémoire que trop d'imagination, car si le souvenir torture, la prévoyance tue.

529

On peut s'étrangler avec une cravate. Alors pourquoi la censure n'a-t-elle pas encore interdit la vente de cet accessoire, d'ailleurs ridicule?

530

Pourquoi reprocher à don Juan sa sérénité à jouir des pleurs dont Elvire arrose ses pieds? Le soleil resplendissant serein à travers les pluies d'inondation ne lui avait-il pas depuis longtemps donné l'exemple de cette cruelle ironie?

531

L'amant éprouve mal et plaisir à la fois, comme la menthe qui fait chaud et froid en même temps.

532

Un des plus graves problèmes de psychologie pratique que je me sois posés, c'est de me demander comment un dentiste peut avoir assez de courage pour se faire arracher une dent.

533

Puisque l'homme est fait à l'image de Dieu, l'athéisme est tout au moins de la modestie.

534

Un sot qui nous loue n'est jamais tout à fait sot.

535

Les hagiographes racontent de sainte Catherine de Suède que « quoiqu'elle ne fût point difficile à prendre la mamelle des femmes honnêtes et de bonne vie, néanmoins lorsque quelque femme libertine lui présentait le sein, elle se rendait fâcheuse et ne voulait point du tout le sucer. » Je suis prêt, au risque de me faire canoniser, à donner pareille marque d'aversion pour le vice.

536

Il y a des personnes nées pour être malheureuses à qui la chance, quand elle survient, ne sied pas mieux qu'une plume d'autruche au chapeau d'une mendiante.

537

Quelqu'un se souvient-il qu'on lui ait jamais présenté un collégien qui n'ait pas remporté tous les prix de sa classe ?

538

Que de grands hommes ne se sont élevés au faîte des honneurs que par un escalier à vices!

539

Il ne faut pas toujours juger d'un être par ce qu'il produit. Les pucerons font du miel sans être des abeilles.

540

La sottise normale a ses limites comme l'esprit. Au delà, ce n'est manifestement que de la pose.

541

On déguise son corps un jour par an, et toute l'année sa pensée.

542

Prendre la vie au sérieux c'est vouloir faire suivre le temps vrai à sa montre, alors que tout le monde se règle sur le temps moyen. Or, le temps vrai est comme la vertu, personne n'en fait usage, il sert seulement de terme de comparaison.

543

Origène pense que nos âmes sont ces anges restés neutres lors de la révolte de Satan et envoyés dans nos corps pour prendre parti entre le bien et le mal. Cette ingénieuse doctrine est suffisamment justifiée par l'obstinée circonspection de certaines âmes qui s'en retourneront comme elles sont venues.

544

Mieux vaut encore boire du vin un peu faible que de l'eau forte.

545

Quand on a beaucoup d'esprit, il y a une certaine lâcheté à ne défendre que les causes justes.

546

D'aucuns exhibent de beaux sentiments comme on met des habits neufs : ils ont toujours l'air endimanché dans leur pathos.

547

Le mensonge n'est dangereux que parce qu'il

est intermittent. Rien de plus véridique qu'un homme qui mentirait toujours.

548

Il y a des gens qui se conduisent bien et qui ne disent que des bêtises. Ils sont comme des horloges dont la sonnerie serait dérangée, tandis que l'aiguille indiquerait silencieusement l'heure véritable.

549

Toutes choses égales d'ailleurs, j'aime encore mieux voir les moutons bondir que le veau sauté.

550

Le doute est un traversin commode, mais pour ceux qui ont la tête dure rien ne vaut le chevet d'une église.

551

Quand l'Arabe trouve un fer à cheval, il le ramasse et dit : « Espérons, il ne nous manque plus que trois fers et un cheval. »

552

La religion de certains chrétiens qui s'occupent de finances nous ferait presque penser que la croix du milieu sur le Golgotha était celle d'un troisième larron.

553

Les producteurs ne se recrutent pas parmi les esprits les plus étendus. Ceux qui embrassent trop ne fécondent pas.

554

Sommes-nous loin de la sauvage loi du talion ! On a beau couper son semblable en un nombre incalculable de morceaux, la société ne vous sectionne jamais qu'en deux.

555

La postérité s'étonnera de nos discussions. Elle aura peine notamment à comprendre qu'une telle hostilité ait pu subsister entre les dominicains et les jacobins, qui sont un seul et même ordre religieux.

556

Il ne suffit pas de mettre à mort un contradicteur pour lui donner tort. Il est plus facile de crucifier un prophète que de lui river son clou.

557

Les amitiés souvent fracturées et ressoudées n'en ont que plus de prix comme les vases craquelés du Japon.

558

Souvent un mot fin et poli suffit pour aplatir un esprit boursouflé de vanité. C'est assez d'une piqûre d'épingle pour dégonfler un immense ballon.

559

L'Eglise nous accorde l'âge de raison à sept ans. Flatteuse !

560

Rien ne prévient mieux en notre faveur que notre extérieur. Une mine avenante est une mine d'or.

561

Les finances de notre pays sont si bien réglées depuis Napoléon 1ᵉʳ, la comptabilité, le contrôle sont tellement minutieux qu'on ne saurait escamoter un centime. On ne peut plus dérober que des millions.

562

Plus je considère la terre, plus je me persuade que c'est une boulette échappée au Créateur.

563

Il est fâcheux que les gens qui ont du décousu dans l'esprit prennent si souvent le dé de la conversation.

564

A voir la façon dont la plupart des échappés de collège emploient leurs plus belles années, on a bien raison de dire qu'ils marchent sur leurs vingt ans.

565

Demander raison à certains insulteurs, c'est être vraiment bien exigeant.

566

On aurait mauvaise grâce à railler la circoncision quand on a à son actif les chantres de la chapelle Sixtine.

567

Les pauvres ont un moyen bien simple de se soustraire aux horreurs de la faim. Puisque l'appétit vient en mangeant, ils n'ont qu'à ne pas manger.

568

Les théories politiques sont assez semblables à ces habits confectionnés qui ne vont bien à personne. La politique doit être faite sur mesure.

569

Faut-il avoir une mince idée de la roublardise divine pour s'imaginer que la foudre va se croire obligée de s'empaler sur nos paratonnerres !

570

Ceux qui font croire aux revenants n'en tirent plus comme autrefois un joli revenu.

571

Les écrivains naturalistes manifestant encore çà et là une petite pointe d'enthousiasme et d'idéal, sont comme des microscopes insuffisamment achromatiques qui ont conservé certains défauts du prisme, et sous l'œil desquels les objets s'irisent encore faiblement.

572

Depuis l'avènement de M. Carnot, ta gloire est morte, ô Vaucanson !

573

Dans la plupart des banquets publics ou privés, on est généralement pessimiste au potage, opportuniste au rôti, et optimiste au dessert.

574

Je ne veux pas médire du paradis dont je n'ai pas, d'ailleurs, de nouvelles bien fraîches, mais véritablement est-ce qu'une demi-éternité ne suffirait pas à la plupart de nous ?

575

Ce qui m'attriste, ce ne sont pas tant les rencontres de trains ou de navires actuelles que les collisions de ballons du siècle prochain.

576

Le geste et les autres signes d'expression, s'ils ne créent pas l'émotion, la renforcent du moins et l'épanouissent. Ils font dans notre mécanisme moral l'office du volant.

577

Il est fâcheux que tous les hommes qui parlent comme un livre ne soient pas à fermoirs.

578

Votre Néron ? En voilà encore un personnage surfait ! Un ténor à monocle et vicieux, qui n'était même pas « fin de siècle », puisqu'il mourut en l'an 68. Et puis, quelle sotte idée que d'incendier Rome en une nuit ! Il ne savait donc pas faire durer le plaisir ?

579

Ceux qui se font prendre mesure pour un paletot avec l'arrière-pensée de ne pas le payer donnent surtout la mesure de leur délicatesse.

580

Au lieu de nous menacer toujours de son fameux doigt, la Providence ne ferait-elle pas mieux de nous tendre une bonne fois la main?

581

Les perroquets ont un grand avantage sur l'homme. Quel que soit le pays où on les transplante, ils en parlent aussitôt la langue.

582

Mon ami X. s'occupe beaucoup de traductions ; je n'y comprends pas un traître mot.

583

La vie moderne est devenue tellement idiote,

mesquine, et insipide, que s'il ne nous restait pas encore la mort pour en relever un peu la platitude, ça ne vaudrait vraiment plus la peine de vivre.

584

L'amour rend aveugle : de là tant de faux pas.

585

De tous ses bûchers l'Eglise n'a piteusement gardé que le mercredi des Cendres.

586

Que je plains les écrivains ou artistes mariés ! Ils se matagrabolisent la tête du matin au soir pour avoir seulement de quoi orner celle de leur compagne.

587

Les gens à cerveau rudimentaire pratiquent volontiers le domino, les cartes et le billard ; c'est la seule occasion où ils comptent.

588

Peu de personnes pourraient aujourd'hui expliquer en détail comment nos pères subissaient le carcan, le pilori, la roue, le gibet, l'estrapade, les différentes formes de la question. Les malaises de l'enfance s'oublient vite.

589

La conviction dans les classes laborieuses entre par le gosier. Une curieuse statistique à faire serait celle des petits verres qu'il faut en moyenne pour clarifier le suffrage du peuple souverain.

590

Celui qui craint les esprits montre par là à quel point il en manque.

591

L'homme ayant besoin de haïr comme de cracher, nos ennemis nous sont au moins aussi utiles que nos amis. Faute de cet exutoire, c'est sur ces derniers que notre salive serait réduite à se déverser.

592

Etant donné que la religion est surtout une consolatrice à des maux insupportables, on s'est peut-être un peu hâté de la congédier.

593

On n'est pas sûr que nous soyons redevables de la poudre à Berthold Schwartz. L'invention qui cause la mort de tant de millions d'êtres humains n'en aura pas rendu un seul immortel.

594

Qu'ont donc les moralistes myopes à flétrir l'égoïsme ? Si tout le monde était parfaitement égoïste, tout le monde serait parfaitement heureux.

595

Je n'ai pas remarqué que les ecclésiastiques eussent plus mauvaise opinion de l'humanité que les autres. Il faut croire que le confessionnal ne leur en apprend pas plus que ce que nous voyons.

596

Plus d'un journaliste a le grand tort de sécréter une prose sur laquelle il ne daignerait pas jeter les yeux si elle était signée d'un autre.

597

L'âme dans la prison du corps n'a que les yeux pour lucarnes. Si elle est une, comment fait la coquine pour regarder à la fois par les deux ?

598

La volonté de l'homme est son paradis, la patience son purgatoire.

599

Les mots desséchés d'une langue sont comme ces rotifères qu'une goutte de salive suffit à faire revivre.

600

Puisque la tendance invincible des sociétés modernes est de diminuer l'autorité des chefs, pourquoi continuer à les appeler le pouvoir ?

601

On nous prêche toujours l'exemple des anciens en matière d'éducation. Voudrait-on nous dire une fois pour toutes à l'étude de quels peuples de l'antiquité ils consacraient eux-mêmes toute leur jeunesse ?

602

Il n'y a vraiment que les sots qui puissent apprécier l'esprit ; ceux qui en sont pétris n'en jouissent pas plus que l'homme bien portant ne jouit de la santé.

603

Il est bon d'entretenir chez les gens riches la pensée que nous séchons d'envie à leur endroit. S'ils savaient combien peu nous les jalousons, ils n'auraient rien de plus pressé que de nous persécuter, pour rétablir l'équilibre.

604

Si la solitude est l'endroit où l'on échappe le mieux à soi-même et aux autres, elle n'est nulle part plus réalisable qu'au sein des foules.

605

Dans les pays où les catholiques sont en infime minorité, n'est-ce pas eux qui devraient être appelés : Protestants ?

606

Nous avons suffisamment goûté maintenant les charmes de l'égalité au Palais de justice. Si on essayait un peu de nous la donner à la Banque de France ?

607

Ce n'est pas ceux que la destinée a placés fort au-dessus de nous que nous envions, mais ceux qui, ayant le même point de départ, nous dépassent, si peu que possible.

608

J'ai connu une personne si bienveillante qu'elle a toujours refusé de se confesser, ne pouvant se résoudre à dire du mal de qui que ce soit.

609

Le nombre n'est rien s'il n'est tout, mais est-il tout ?

610

L'Allemand appelle ses gants « souliers de mains ». N'y a-t-il pas là un aveu ?

611

Bien des prétendus savants ne sont que des ânes qui portent en guise de reliques les sacs de charbon de la foi du charbonnier.

612

Plus d'un nous scandalise par tel défaut qu'il n'a pas et dont nous voyons avec surprise s'étaler la place béante.

613

Nous avons chassé les dieux. Place aux idoles !

614

Depuis qu'il est démontré que la terre tourne

avec une si formidable rapidité, comment s'étonner que tant de gens aient le vertige ?

615

La dot a réhabilité la prostitution.

616

Un jeune auteur qui n'ambitionne que d'être lu fera toujours mieux d'envoyer son livre à ses ennemis qu'à ses amis.

617

Les religions, dit-on, sont faites pour le peuple. Oui, comme les beaux habits et les robes de soie qu'il ne met que le dimanche.

618

Le char de l'Etat est désormais une figure un peu trop noble ; ne serait-il pas temps de le remplacer par un omnibus ?

619

Les meneurs de l'antisémitisme en réclamant

avec tant d'âpreté la vindicte de Dieu et du prince contre leurs ennemis se sont montrés plus juifs de cœur qu'Israël ne l'a jamais été.

620

Les gens mal embouchés veulent qu'on ne s'occupe que d'eux. J'appelle leur attention sur l'imprudence de cette tactique.

621

Je comprends la gêne de ceux qui vivent d'expédients : ils ont toujours l'air emprunté.

622

D'après le général Tcheng-ki-Tong, la caricature n'existe pas en Chine. Elle ferait en effet double emploi avec la photographie.

623

La création n'est peut-être qu'une répétition générale. Il y aura çà et là des coupures à faire.

624

Rien de plus fatigant qu'une conversation prolongée avec un phtisique. Il faut tout le temps tenir le crachoir.

625

Jouer quand on se sent de la veine est une demi-tricherie.

626

Le corps, en bon frère, ne peut supporter que l'âme souffre seule. Quand nous avons du chagrin, nous nous arrachons les cheveux, certaines femmes se déchirent le visage à coups d'ongles. De même, lorsque quelqu'un nous a blessés dans notre honneur, nous avons hâte qu'une blessure physique fasse pendant à l'autre.

627

Les maris débonnaires qui s'aveuglent sur les débordements de leurs femmes, sont comme les escargots qui troquèrent leurs yeux contre des cornes.

628

S'il est vrai que la corde de pendu soit si efficace, pourquoi les gens décidés à se pendre n'en empruntent-ils pas un fragment à l'un de leurs prédécesseurs ?

629

Les officiers à bonnes fortunes auraient tort d'étaler des signes de victoire sur une poitrine qui enferme un cœur toujours vaincu.

630

Puisque dans l'aristocratie on ne vaut que par le nombre de ses ascendants, tous les chefs de famille noble devraient céder le pas à leurs fils, ces derniers ayant forcément un ancêtre de plus qu'eux.

631

Que serait-il arrivé si Dieu avait d'abord créé la femme, puis nous eût tirés de sa côte ?

632

Il y a une circonstance qui devrait rendre les modernes plus indulgents pour Judas : ce sont les faibles honoraires de sa trahison.

633

Pour que le travail intellectuel soit aisé, il ne faut pas avoir trop d'idées. Chez les myriapodes, ce sont les espèces où le nombre des pieds est le moins considérable qui sont doués de la locomotion la plus rapide.

634

Les marchands d'engins de pêche affirment que non seulement les amorces imitées sont plus durables que les insectes véritables, mais même qu'elles sont plus avidement happées par les habitants de l'empire humide. Le goût de l'artificiel sévirait-il jusque chez les carpes ?

635

De toutes les corvées que nous assumons, le

bonheur est à coup sûr la plus lourde, la plus monotone, la plus détraquante et la moins rémunératrice. Son nom seul l'a jusqu'ici préservé de la désuétude, mais gare à la révolution du dictionnaire!

636

Il y a des livres qu'une jeune personne qui se respecte ne devrait lire que dans l'obscurité.

637

Le roi des dieux avait une singulière opinion des fils de la terre. Quand il voulait séduire une mortelle, il se déguisait généralement en bête.

638

On aura beau dire, on ne me fera jamais prendre la danse de Saint-Guy pour une maladie sérieuse.

639

La vie est un livre auquel nous ne comprendrons jamais rien tant que nous commencerons à le lire par le *berceau*.

640

Ceux qui tiennent Jésus-Christ pour un homme comme un autre doivent réellement être atterrés de l'importance historique qu'il a prise. Non, j'aime encore mieux le considérer comme Dieu, quand ce ne serait que pour le rendre plus vraisemblable, j'allais dire plus humain.

641

Si la terre n'existait pas, l'histoire universelle s'occuperait sans doute exclusivement de ce qui s'est passé dans la lune, et serait par le fait fort simplifiée.

642

La vertu est toujours entre deux vices, je n'ose dire : à égale distance.

643

La plus petite excursion en Suisse est plus agréable que le plus long voyage en Sibérie.

644

Pourquoi les prédicateurs nous parlent-ils si rarement d'eux-mêmes? Il me semble que rien ne serait plus intéressant et plus édifiant que d'apprendre comment ils ont acquis, conservé, développé leur foi, leurs espérances, leur charité. Craindraient-ils de nous humilier ou de nous scandaliser? Ou bien peut-être de réveiller leurs doutes?

645

Toutes les serrures seront défectueuses tant qu'on ne pourra les fermer sans pêne.

646

Un voleur sur deux se convertissait en l'an I de l'ère chrétienne. Est-ce encore la proportion aujourd'hui?

647

Faute de savoir nager dans l'opulence, il y a beaucoup de gens qui se noient.

648

Ce n'est qu'avant le crime qu'il faut le juger inexpiable.

649

Il y a des auteurs qu'il ne faut lire que le matin comme des plats de déjeuner. Il en est aussi qu'il ne convient de grignoter que comme dessert et du bout des lèvres. Il y en a enfin un grand nombre qui ne méritent d'être abordés que l'estomac repu et prêt à rendre son trop-plein. Je ne nomme personne.

650

La charité a aussi son aiguillon, mais qui, comme la lancette, ne perce que pour guérir.

651

L'amour est aveugle, disait-on autrefois, mais plus souvent on ferait mieux de dire qu'il est myope ou simplement muni de lunettes vertes, comme ces juments de race qui dans les haras du Poitou refuseraient, sans une telle précaution, de flirter avec les ânes.

652

Les vertus mondaines sont plus précieuses que les dogmes, puisque Jésus lui-même passa trente années de sa vie à nous en donner l'exemple, ne consacrant que trois ans à prêcher l'Évangile.

653

D'après une prévoyante loi de la nature, il n'y a jamais eu de parents sans enfants.

654

S'il est impossible de corrompre la justice française, il est on ne peut plus facile de la gagner... de vitesse.

655

Les don Juan de bals publics sont les premiers des statisticiens anthropomètres. Depuis longtemps ils ne songent qu'à pincer des tailles.

656

Quel singulier lieu de refuge que le Paradis !

On n'y admettra que ceux qui auront voulu se sauver.

657

Quand on se marie, on acquiert le plus souvent une belle-mère. Un malheur n'arrive jamais seul.

658

On peut être à la fois un monstre et un enfant naturel.

659

Il y avait une fois un homme si gras, si gras, qu'il avait des yeux de bouillon.

660

Souvent en ne chiffonnant pas une soubrette au minois chiffonné on la chiffonne.

661

En décrétant l'enseignement laïque obligatoire, on a peut-être fait une école de plus qu'on ne croyait.

662

A voir la façon dont brûle le calumet de la paix, je crains bien que ce ne soit encore la Régie qui fournisse les allumettes.

663

Rester court est le plus sûr moyen pour un orateur de ne pas voir sa renommée grandir.

664

Loin d'atténuer les scrupules de langage, les euphémismes d'une société très raffinée, je voudrais au contraire les multiplier, créer des nuances d'une délicatesse infinie. Que l'on songe, par exemple, quel riche vocabulaire peut parcourir un cardinal, et quelle immense gamme d'appréciations sévères il lui faut descendre pour en arriver à traiter un de ses confrères du Sacré Collège simplement de mufle !

665

Dès qu'une union extra-conjugale a été féconde, les deux collaborateurs sont beaucoup moins indépendants, ils ont bâtard l'un sur l'autre.

666

Phénomène singulier: quand la terre tremble, c'est nous qui avons peur.

667

Les jeunes personnes qu'on rencontre souvent à la promenade n'inspirent que des sentiments passagers.

668

Après avoir joui pour son compte, il faut songer à se rendre utile. La fin du cochon est le commencement du boudin.

669

Pour faire croire à un sentiment faux, il est nécessaire de l'exprimer tous les jours; le fard a besoin d'être renouvelé chaque matin.

670

Sur l'Océan de la vie le devoir est le sextant.

671

Rien n'est plus funeste à la santé que l'ivrognerie. On en compte plus d'un que l'abus du vin a précipité dans la bière.

672

Le bonheur n'est pas dans les choses, il est en nous. Cela a été dit bien des fois, mais ne saurait trop être répété. Ce qu'on pourrait ajouter, c'est qu'il y a dans ce concept, comme dirait Kant, une antinomie. Les esprits chagrins, quand ils ont une jolie femme ou une maîtresse bien authentiquement à eux, s'en lassent aussitôt, convaincus que leur choix s'est égaré puisqu'il n'est pas partagé par d'autres. Mais si d'aventure ce suffrage se manifeste, ils n'auront pas assez de lamentations ni d'anathèmes contre la perfide. Les curieux, eux aussi, et les analystes, ne sauraient se contenter d'un bonheur calme et limpide. Ils veulent savoir ce qui arriverait, ils brûlent de vérifier ce qu'ils auraient éprouvé dans le cas d'une disgrâce, tout prêts, comme tel chirurgien héroïque, à s'inoculer un mortel virus. Les résignés seuls et les impassibles laissent couler le flot, mais savent-ils proprement ce que c'est que le bonheur?

673

L'imagination s'est enfin réconciliée avec le calcul. Nos contemporains qui font de beaux livres ont prouvé qu'on pouvait en tenir en même temps d'autres en partie double avec une ponctualité qui ferait honte à plus d'un banquier. Sur notre Parnasse Uranie fait désormais double emploi avec Erato.

674

On peut ressentir de la douleur à propos d'une passion depuis longtemps éteinte, de même qu'on peut encore souffrir d'une dent qu'on n'a plus ou d'un bras oublié à Reichshoffen.

675

Les constructeurs des pyramides peuvent

servir de modèles à nos échotiers. Tout ce qu'ils faisaient se terminait par des pointes.

676

Les vocables d'une nation sont, comme ses représentants, investis d'une mission temporaire. La langue n'accepte pas de mandat impératif.

677

Un mari qui se confie en sa moitié est encore inférieur à un cornichon qui, lui du moins, se confit en son entier.

678

Nos ancêtres n'avaient donc pas de nez pour faire rôtir vifs tant de gens? Tous ces bûchers devaient sentir horriblement mauvais, les jours de marché.

679

Il y avait une fois un ministre qui faisait tant de boulettes qu'on ne mangeait à sa table que du vol-au-vent.

680

L'esclavage conjugal, comme les autres, entrave tout perfectionnement de l'espèce. Le mieux est l'ennemi du lien.

681

Il est rare qu'avant d'entamer une discussion on consente à bien poser les termes de la question. Tel, don Quichotte commençait toujours à combattre avant de connaître son ennemi.

682

Parce qu'un homme ne dit ou n'écrit que des choses raisonnables, on ne doit pas nécessairement en conclure qu'il est sain d'esprit. Il faudrait mesurer la difficulté qu'il éprouve à endiguer ses idées. Les gens peu avisés croient toujours l'alouette voisine de leur oreille, sans réfléchir qu'elle chante d'autant plus fort qu'elle s'élève davantage.

683

Dans un mouvement de montre c'est toujours

une roue de cuivre qui fait mouvoir une aiguille d'or. De même dans la machine gouvernementale, ce sont d'humbles secrétaires qui confectionnent l'esprit des ministres.

684

Le cerveau qui cherche à se distraire d'une vive préoccupation, perd, dans ses efforts mêmes, la force nécessaire pour y parvenir. Avoir conception de sa distraction, c'est ne plus se distraire. On ressemble dans cet état à un homme qui veut gravir un glacier ; chaque pas impuissant qu'il essaie rend la surface qu'il foule plus glissante.

685

Les boutiques des bazars d'Orient sont à celles de nos rues ce qu'est une armoire à un chiffonnier dont on visite souvent tous les tiroirs avant d'avoir trouvé celui où gît l'objet désiré, tandis qu'une fois les deux battants de l'armoire béants, il ne s'agit que d'un coup-d'œil pour mettre la main sur lui.

686

Après un Allemand qui ne parle qu'allemand, ce qu'il y a de plus inintelligible pour le Français qui sait seulement sa propre langue, c'est un Allemand qui parle français.

687

La moindre récompense que nous devions à nos mercenaires est le droit de contempler le résultat de leurs efforts. Je ne connais rien de plus cruel à cet égard que le sort des domestiques dans l'Hindoustan, qui, grâce à un ingénieux mécanisme, tirent, de l'extérieur, le panka à leurs maîtres et sont ainsi privés de s'associer à l'épanouissement des fronts qu'ils rafraîchissent.

688

Les eunuques creusent rarement un profond sillon dans l'histoire de l'humanité.

689

Plus l'amour est aveugle, plus il se cramponne. C'est comme le muscle pronateur de la patte des oiseaux ; le poids seul du corps fait fermer cette patte et serrer la branche où le volatile est posé. Plus il dort, et plus il est solide.

690

L'excuse d'une trahison antérieure de son conjoint invoquée par l'époux coupable, loin d'atténuer sa faute, ainsi qu'on le professe communément, ne la rend que plus odieuse, en ce qu'elle semble appliquer aux choses de l'amour les règles de la comptabilité commerciale. L'indulgence que nous serions tout prêts à témoigner, même à une Messaline, nous la refusons à Barême.

691

Les esprits dont l'œil, comme une loupe, grandit tout démesurément, ne doivent pouvoir s'occuper que de l'infiniment petit ; plus volumineux, les objets déborderaient du champ de leur vision.

692

On a établi l'expropriation pour cause d'utilité

publique des maisons, pourquoi n'édicterait-on pas la même mesure à l'égard des meubles, des œuvres d'art, par exemple, tombées entre les mains de gens grossiers et dont la possession inintelligente priverait tout le pays de jouissances esthétiques irremplaçables ?

693

A Palerme, je devins éperdûment amoureux d'une confiseuse de dix-huit ans, dont la mère était une dévote aussi fraîche que l'ivoire de son crucifix sculpté sous Henri II. Je vengeai tant que je pus les Vêpres Siciliennes ; malheureusement, j'eus bientôt, sans l'avoir réclamé, un coadjuteur. C'était un gros... je ne le caractériserai pas davantage. Le nom d'un tel rival souillerait ma plume !

Et d'ailleurs je ne le sais pas.

694

La solidarité entre le corps et l'âme n'est pas aussi étroite que certains philosophes le prétendent. Un musicien, par exemple, peut fort bien avoir un cor anglais et une âme française.

695

On n'a pas assez remarqué à quel point les notions de temps et d'espace, si distinctes pour nous dans le présent, s'enchevêtrent et se confondent dans le passé. Les paysages contemplés, les milieux habités par nous autrefois, deviennent littéralement des *dates*, et il nous faut souvent faire quelque effort pour admettre qu'ils n'ont pas disparu et se révèlent actuellement à d'autres, tels que nous les avons connus. Notre esprit se débat malgré lui contre cette vérité si simple. Toutefois, elle nous choque moins lorsque les localités ont subi quelque changement profond, par exemple s'il s'agit d'une grande ville comme Paris, qui au bout de vingt ans est devenue méconnaissable, parce qu'alors ces deux notions d'espace et de temps ne sont plus en antagonisme et les générations nouvelles ne nous volent plus rien.

696

A tout prendre, est-il prince au monde plus condescendant que le roi du Ciel qui met les prières au nombre des services et tient compte à ses sujets de la confiance qu'ils ont de lui tout demander?

697

Depuis que l'on m'a dit que l'argent est le nerf de la guerre, je crains beaucoup moins les attaques de nerfs.

698

Les gens qui se conduiront mal dans le ciel, comment les punira-t-on?

699

J'ai connu une dame d'une duplicité si foncière, qu'elle n'a jamais pu mettre au monde que des jumeaux.

700

Les médisants s'exposent à des représailles. On est toujours puni par où on a bêché.

701

Oh! qui nous rendra les chaînes de saint Paul? Tous les curés qu'on a emprisonnés dans notre siècle avaient décidément témoigné d'une tiédeur trop marquée pour certains paragraphes du Code pénal. Il est grand temps de réhabiliter la persécution religieuse.

702

Quand deux époux trompés vont se consoler chacun de son côté, ils peuvent se dire que la vengeance est un plaisir des deux.

703

Un homme d'esprit dans une réunion de niais ressemble à une allumette suédoise sans sa boîte spéciale.

704

Entrant récemment à Saint-Etienne-du-Mont, j'entendis l'orateur sacré dans le feu de l'improvisation adjurer son auditoire de *tomber aux pieds du cœur* de Jésus. Et je devins rêveur. Et je me promis d'écrire un jour un gros ouvrage intitulé : *Comment les dogmes naissent.*

705

La vanité reposant toujours sur un avantage extérieur, les pauvres, les laids et les médiocres en sont forcément mieux préservés que les riches, les belles personnes et les gens bien doués.

706

Dans un ménage on voit bien la mère, on voit bien le père, mais beaucoup plus rarement la paire.

707

La plupart des maladies viennent de ce qu'on est beaucoup. Un mouton vivant dans la solitude n'est jamais atteint de clavelée.

708

On vante fort la sobriété du chameau. Qu'est-ce à côté de celle du tricycle ?

709

Puisque la peur double le danger, j'en conclus

que pour être peureux il faut être joliment brave.

710

La guérison des maladies de l'âme, à l'inverse de ce qui a lieu pour le corps, est retardée par une confiance excessive.

711

Les petits cadeaux, qui entretenaient autrefois l'amitié, servent bien plus souvent aujourd'hui à faire naître l'intimité.

712

Chrétiens, nous sommes tous des membres de Jésus-Christ, je le veux bien, mais pourquoi faut-il qu'il y ait tant de pieds ?

713

L'heure du berger a toujours cinq quarts d'heure, le dernier étant celui de Rabelais.

714

Certains mots restent stationnaires, d'autres obtiennent de l'avancement. « Faillite » n'était autrefois qu'une variante phonétique de « faute », mais il s'est singulièrement dégagé de cette parenté compromettante et au train dont il marche il sera devenu bientôt synonyme de spéculation.

715

Tous nos défauts sont comme les maladies de peau : ils ne disparaissent sur un point que pour reparaître sous une autre forme un peu plus loin.

716

Les peuples germaniques dans leur lutte contre les Romains devaient fatalement succomber, car tandis que ceux-ci avaient pour protecteur Jupiter, eux avaient Thor.

717

Pleurer une jeune plante humaine coupée dans

sa fleur est une vile flatterie au simoun desséchant dont elle est libérée.

718

Il n'y a pas de miracle puisqu'un miracle serait une dérogation aux lois de la nature. Or qui donc les connaît, ces fameuses lois, vu qu'on en découvre tous les jours de nouvelles ?

719

Tout se compense dans la vie. Souvent des filles de joie ont eu pour pères des hommes de peine.

720

On ouvre le cœur des autres quand on ouvre le sien.

721

En amour il n'y a qu'un moment vraiment divin. C'est quand vous rencontrez pour la première fois dans un salon ou en partie de campagne une fraîche jeune fille aux grands yeux étonnés et interrogateurs, à la fois candide et mutine, qui se pose devant vous en troublante énigme et par qui vous vous sentez vous-même observé. Que de frêles créatures sont venues ainsi vers moi, semblant m'apporter, suivant la jolie expression de Tourguéniev, tout le bonheur de ma vie dans leurs mains! C'est peut-être la volupté la plus plénière que puisse donner la femme, et pourtant ni les codes ne la prévoient, ni les frères ou les maris ne s'en inquiètent.

722

Inutile de nous casser la tête pour améliorer le train des choses. Le monde est une machine à secret, que son auteur seul est capable de réparer. Tout ce que nous pouvons y faire, c'est de la graisser de temps en temps.

723

On raconte que les Américains fabriquèrent un jour un navire en caoutchouc, mais ils ne voulurent jamais qu'il prît la mer, de peur qu'il n'effaçât la ligne.

724

Comme un tyran du bon vieux temps qui tient dans sa geôle une jeune princesse prisonnière, le monde est plus dangereux pour l'âme quand il flatte que quand il persécute.

725

On n'échappe pas à sa vocation. En écoutant les mauvais conseils de Faust, Marguerite n'a fait que changer de roué !

726

Laissant de côté tout préjugé confessionnel, qui n'envierait l'état d'âme d'un Isaïe ou d'un saint Bruno et ne préférerait la destinée d'un saint François d'Assise à celle d'un Napoléon Ier ou même d'un Richelieu ?

727

L'ennui nous est aussi nécessaire que l'appétit, sans lequel nous nous garderions bien de fatiguer nos mâchoires et d'ingurgiter une foule d'animaux innocents et malpropres.

728

« Notre Père qui êtes aux cieux... » Connaît-on beaucoup d'exemples de souverains rédigeant eux-mêmes le protocole de requête qui doit forcer la main à leur faveur ?

729

On prétend que tous les poissons sont muets, on a tort. On oublie que le thon fait la chanson.

730

N'est-ce pas commettre envers Dieu le plus odieux des stellionats que de vouloir lui vendre très cher ce dont on a déjà fait cadeau au respect humain ?

731

On ne saurait trop féliciter les indigènes qui dans certains pays où la terre ne produit pas de blé ont eu l'excellente idée de planter des arbres à pain.

732

Il est rare que ceux qui parlent beaucoup d'eux-mêmes ne soient pas en même temps menteurs.

733

Nous ne voulons pas que les autres soient indifférents à celle que nous avons choisie, nous ne voulons pas non plus qu'ils l'aiment. Alors quoi ?

734

Chacun a son idéal. Le mien, c'est une jeune fille élevée suivant les règles de la plus stricte retenue et qui ait la poitrine rebondie ; très dure en principe, mais molle dans l'application.

735

Jusqu'à son dernier jour la monarchie française perpétua ses abus. Louis-Philippe lui-même avait encore ses favoris.

736

Il faut ouvrir la porte de son cœur à la vérité comme à une maîtresse et à une reine, non pas lui en disputer l'entrée comme à une mendiante.

737

Il n'y a eu qu'une Galilée dans l'histoire ou dans la légende, mais tout homme qui laisse germer en lui le divin peut faire de son âme une Terre-Sainte.

738

Ceux qui vivent sans prévision de l'avenir ressemblent aux rameurs qui tournent le dos à leur point d'arrivée et ne regardent que le sillage.

739

L'esprit ivre engendre les grandes pensées, l'esprit sobre leur donne l'éducation.

740

Quand le bois d'un meuble joue, il est rare qu'il gagne.

741

Pour aller à Dieu on boite, pour aller au diable on court.

742

Ingrats concitoyens ! Dès qu'un grand homme est mort, vous le comblez d'honneurs, vous chantez ses louanges sur tous les tons, mais quand il vient au monde, personne ne s'en occupe et ne songe même à annoncer cet heureux événement.

743

J'entends toujours dire aux artistes et aux écrivains que le travail intellectuel est incomparablement plus pénible que le labeur physique. Mais alors pourquoi ne l'impose-t-on pas aux condamnés aux travaux forcés ?

744

On peut bien saisir, mais non tirer, l'occasion par les cheveux.

745

Que de gens sur la terre s'aiment sans récolter !

746

Certains hommes sont comme la chaux : ils ne bruissent que quand ils sont arrosés.

747

Sans l'aveuglement et la cruauté des juifs, la religion chrétienne serait encore privée aujourd'hui du plus auguste et du plus consolant de ses mystères. Soyons donc indulgents une bonne fois pour ces généreux bourreaux

748

Je comprends qu'on essaie de se distraire quand il s'agit de n'effacer qu'une seule idée. Mais quand tous les recoins du cerveau sont accaparés, où se réfugier ? Dans quel sentier s'engager, lorsque tout le territoire est submergé par l'inondation ?

749

Dix savants dissimulent plus facilement leur science qu'un seul ignorant sa nullité.

750

Le prodigue et l'avare travaillent au même but : répandre de grandes sommes d'argent dans le public ; seulement pour le dernier, ce ne sera qu'après sa mort.

751

Les bavards sont très utiles, ils nous apprennent le prix de la discrétion.

752

Lorsque nous avons écrit des choses bien tristes avec une encre bien noire, il nous arrive de semer un peu de poudre brillante sur nos lignes encore humides avant de tourner le feuillet. Ainsi jetons-nous quelques rêves sur la réalité de la vie,

753

Les canards sont bien heureux de se passer de parapluie, mais tout porte à croire que leur félicité serait moindre si on les obligeait à se passer de canes.

754

La renommée est souvent menteuse. En Pologne, ce pays si célèbre par ses diètes, on faisait autrefois six repas par jour.

755

La pierre à aiguiser est souvent complice du stylet qu'elle affine.

756

Les distractions ne sont que des coups d'éventail qui rafraîchissent une seconde, mais qui rendent l'atmosphère plus irrespirable le moment d'après pour le malheureux que l'agitation de son ventilateur a essoufflé encore davantage.

757

Nous devrions être un peu guéris de ce que les théologiens appellent : tenter Dieu. Car jusqu'ici le Roi du ciel et de la terre n'a guère succombé à la tentation.

758

Pour connaître le monde il faut y vivre tout le temps ou ne l'avoir jamais connu.

759

Prostitution. Quel gros mot pour une chose si banale ! Qui est-ce qui ne se prostitue pas ? Le coiffeur prostitue ses mains, le danseur prostitue ses pieds, le forgeron ses bras, tous les inspecteurs imaginables prostituent leurs yeux, les comédiens prostituent leur larynx, et les courtiers-gourmets leur pharynx, les juges prostituent leurs oreilles et l'avocat sa langue. Qui ne se prostitue pas ? Est-ce que la nourrice ne prostitue pas sa mamelle, le peintre, son pinceau, le député, son éloquence ou son silence ? Non, croyez-moi, mes chers amis, nous ne sommes tous que des catins, des prostituées, au même titre que la raccrocheuse du coin.

760

Quand le bonheur arrive, il est dû d'avance, comme ces rentrées opérées par les mauvais payeurs, sur lesquelles il y a déjà de nombreuses oppositions.

761

Les natures ultra-sensitives sont au milieu des groupes humains comme des verroteries emballées avec des blocs de granit.

762

Les collèges électoraux sont : ou *vivipares*, c'est-à-dire au premier degré, ou *ovipares*, lorsqu'ils ont à nommer un délégué dont ils feront couver la candidature par leurs agents spéciaux ou la presse locale, au besoin une nichée de canards.

763

Il ne suffit pas d'être délivré des liens d'une

passion qui nous a entraînés loin, il faut encore rebrousser chemin. Le bœuf échappé à ses gardiens n'a rien gagné s'il continue à courir vers l'abattoir.

764

A Naples, les facchini sont si obséquieux, si prodigues de titres nobiliaires extravagants, qu'on se croirait ramené aux plus mauvais temps du Bas-Empire. Pour les faire reluire, ils crachent sur vos bottes toute la *Notitia dignitatum imperii Romani*, édition Labbe. On est toujours tenté de leur dire : « Tenez, mon cher, appelez-moi tout simplement Monseigneur. C'est simple et ça me fera tout autant de plaisir. »

765

On ne sait lequel fait commettre le plus de crimes, de l'or ou de l'alcool. Pourtant, l'un est un métal très pur, l'autre un liquide imputrescible.

766

Entre celui qui commet le crime de crocheter une boutique et celui qui se fait une gloire de l'exploiter, il n'y a souvent d'autre différence que dans la manière d'utiliser le rossignol.

767

— Ce n'est pas malin d'avoir de l'esprit à votre façon, il suffit de faire des rapprochements inattendus. — Oui, et justes en même temps, vous avez raison.

768

J'ai connu une dame qui épousa un jeune sportsman à moitié toqué. Au bout de quinze jours, elle était enceinte du peu sage.

769

Par la vanité nous montons en ballon. Par l'orgueil nous nous gonflons nous-mêmes.

770

On médite dans une chambre, on ne s'abandonne à la rêverie qu'à la fenêtre ; il faut qu'une idée soit inondée d'air pour passer à l'état de rêverie. Notre âme est expansive, elle aime à errer comme l'abeille pour rapporter à la ruche les impressions dont elle compose la poésie.

771

Rien ne témoigne plus en faveur de la franchise et de la loyauté de nos bons aïeux que leur goût pour la chasse au faucon.

772

Plusieurs personnes qui ne manquent pas une occasion de flétrir le style académique ont reçu avec satisfaction les palmes de même provenance et seraient très fières d'entrer dans le corps « qu'académique on nomme. »

773

L'Eglise reçoit peu nos visites pendant la période où nous cérébrons plus ou moins brillamment. Mais on y va encore volontiers à l'état de nouveau-né ou de cadavre.

774

Certaines coquettes aguerries contre tous nos

stratagèmes arrivent à ne craindre en fait d'hommes que les voleurs.

775

La dernière fois que je rompis avec une maîtresse longtemps idolâtrée, la curiosité me prit de faire analyser par un pharmacien les éléments de cette brouille, et voici le résultat de ses recherches. La chaîne pesait 1,000 kilog. dans lesquels :

Mon amour entrait pour . .	95 kilog.
Ma bonté.	304 —
Mon ennui.	82 —
Ma jalousie	9 —
Ma lassitude.	8 —
Mon dépit pour son prédécesseur.	55 —
Ma paresse.	60 —
Ma timidité	2 —
Ma fierté.	50 —
Mon goût pour le quartier de la Madeleine.	335 —
Total	1.000 kilog.

776

L'homme le plus soigneux et le plus propre, s'il examine un vêtement longtemps porté, s'aperçoit avec surprise d'une foule de petites taches, quelques-unes déjà fort anciennes, sans que, même avec le plus énergique effort de mémoire, il puisse préciser à quel moment l'accident s'est produit. Ainsi pour l'épouse de la réputation la plus irréprochable. Qui oserait, si elle arrive à un âge avancé, jurer que ses principes n'ont jamais subi le moindre accroc et que sa ceinture ne s'est jamais dénouée ou du moins relâchée que pour son légitime possesseur? Et ce, sans qu'on puisse à l'avance, même aussi vaguement que possible, fixer des dates ou prononcer des noms. Versez un baril d'encre dans un lac, et l'azur du lac n'en sera pas le moins du monde terni.

777

Les trois Grâces. Trois jolies femmes vivant d'accord. Et on ose dire que l'antiquité a conçu un art vrai!

778

Les femmes ne cherchent dans un ouvrage que les mots qui leur plaisent. Elles lisent tout comme un dictionnaire.

779

« Dieu, protège la France ! » disaient nos pères. Le monde moderne, plus présomptueux, a cru pouvoir supprimer la virgule.

780

La Révolution ne croyait pas aux proverbes, sans cela Robespierre n'eut jamais dévoré Danton.

781

Autrefois le clergé excommuniait volontiers les insectes; il n'est que temps à notre tour de laïciser les chenilles processionnaires.

782

Comment! Il n'y a plus d'enfants? Il n'y a plus que cela, au contraire.

783

Noblesse oblige. Et bassesse donc ?

784

Sept villes se disputent l'honneur d'avoir donné le jour à Homère. Mais cent villes briguèrent la gloire d'élever une statue à Tibère.

785

J'espère qu'au ciel il n'y aura pas trop de socialistes, ils voudraient encore tout améliorer.

786

L'homme seul a le don du rire. Sans cela, à l'inverse des animaux, il ne croirait jamais qu'il s'amuse.

787

On dit : l'œil du maître, sans doute parce qu'il est unique.

788

Depuis cent ans déjà nous avons proclamé les

droits de l'homme, et nous discutons encore
ceux de la femme. Seraient-ils donc plus con-
testables ?

789

En imaginant la théorie du bacille virgule, la
science moderne a sans doute voulu montrer
qu'elle savait mettre les points sur les i.

790

La vie est un spectacle ? Possible, mais trop
d'entr'actes.

791

Rhodope, courtisane athénienne, fit, dit-on,
édifier une pyramide avec le fruit de ses économies. Combien n'en construirait-on pas, rien
qu'avec les premières pierres qu'il est interdit
de jeter à la femme adultère !

792

L'amitié a tous les inconvénients de l'amour
sans en avoir les douceurs. Et réciproquement.

793

Le mariage étant un suicide, ne vaut-il pas encore mieux l'accomplir à l'aide d'une belle lame toute neuve qu'avec une vieille rapière rouillée?

794

Les plus grandes beautés poétiques tiennent souvent à un état rudimentaire de l'industrie. Si Roméo avait pu avoir sur lui un chronomètre, comme il convient à un aussi brillant gentilhomme, toute cette discussion pour savoir qui avait chanté, de la mauviette ou du rossignol, n'aurait eu aucune raison d'être.

795

Nul mythe païen n'est aboli sans retour. Le moindre fumeur, pour peu qu'il soit enclin à la rêverie, peut faire revivre la légende de Vénus sortant de l'écume de mer.

796

Les femmes les plus impatientes supportent

aisément la contradiction lorsque l'on conteste les grâces d'une des leurs.

797

Les comédies finissent toujours par un mariage, parce qu'à ce moment c'est la tragédie qui commence.

798

Ne serait-il pas temps de remplacer le mot : poésie (*poïésis*), par son équivalent français : faire ?

799

Les larmes d'héritier sont sans doute celles qui contiennent le plus d'eau chimiquement pure.

800

La femme doit être loyale et se confier tout entière, mais peut-être n'est-il pas indispensable que ce soit au même.

801

Aspect d'une station d'omnibus par un temps

de pluie. Un énorme banc de parapluies vient silencieusement se heurter contre le véhicule comme une armée de noirs cloportes ou comme une légion romaine en deuil formant la *testudo* pour prendre d'assaut une tour roulante...

802

Il ne faut pas trop médire des girouettes. En somme, ne sont-elles pas toujours les premières à savoir d'où vient le vent?

803

En amour, tout ce qui touche à la correspondance devrait être écrit au crayon.

804

Autrefois on célébrait ceux qui étaient le sel de la terre, aujourd'hui c'est déjà peu d'en être le poivre.

805

Comme les bourgeois trop soigneux à l'égard de leurs meubles, certaines gens ne présentent jamais leurs idées qu'enveloppées de housses.

806

Le sérieux est cosmopolite, la plaisanterie indigène.

807

La médisance est plus dangereuse que la calomnie, étant irréparable.

808

Les tremblements de terre sont probablement le bruit que fait le Créateur en remontant sa montre.

809

C'est encore une prétention que de croire faire gémir la presse; m'est avis que le plus souvent elle bâille... ou siffle.

810

Les jeunes filles sont semblables aux orties. Si on les saisit brusquement, elles ne font presque aucun mal; mais si on s'en approche prudemment et qu'on les traite avec douceur, elles vous piquent cruellement.

811

Je me demande pourquoi on est allé chercher si loin des preuves de la rotondité de la terre. Est-ce que nos talons, en s'usant toujours par le côté, ne démontrent pas jusqu'à l'évidence que nous foulons une surface déclive?

812

Une certaine rigidité n'est pas pour nous déplaire chez les magistrats. Le Palais de justice n'est pas une maison à tolérance.

813

On a beaucoup discuté sur les différentes façons de comprendre l'amour et les femmes. A cet égard on pourrait, ce me semble, concilier toutes les divergences en divisant l'humanité en deux grandes catégories : ceux pour qui la femme n'existe qu'*au-dessus*, et ceux qui ne la voient qu'*au-dessous* de la ceinture.

814

Ceux qui se plaignent le plus de la pauvreté

d'une langue sont généralement les avares qui lui refusent l'aumône.

815

Le mépris dont nous accablons ceux qui reçoivent de l'argent des femmes n'a rien de flatteur pour ce sexe. Nous avons ainsi l'air de considérer un vil métal comme beaucoup plus précieux que leurs faveurs.

816

D'après les observations les plus soigneuses, le lait qui convient le mieux aux enfants des hommes est le lait d'ânesse. Je m'en étais toujours douté.

817

Le mot « préjugé » est un euphémisme, en ce qu'il semble impliquer chez ceux qui en sont affligés une opération ultérieure qui a rarement lieu.

818

Il y a sur le corps de la femme des régions

d'indécence; en-deçà rayonne le licite et au-delà grouille le domaine obscur de la sexualité. Par exemple, en haut, la zone lascive proprement dite s'étend du cou inférieur à la pointe extrême des seins; en bas, depuis le cou de pied jusqu'à la jarretière — inclusivement.

819

L'origine de la peinture se perd dans la nuit des temps. Je n'ai jamais mieux compris cette vérité qu'en contemplant la dernière toile de M. Ribot.

820

Ce sont toujours les tailles bien prises qui le sont le plus souvent.

821

Dieu ne sait pas tout ce qui doit arriver.
Sans cela, il n'aurait plus d'espoir, et alors il s'ennuierait.
Donc, il ne serait plus infiniment heureux.

822

On oublie trop que Vulcain était bancal et chaudronnier. S'il en faut davantage pour excuser Vénus, je renonce à justifier quoi que ce soit.

823

Après une longue maladie, il est doux de humer le bon soleil et de voir reverdir les plantes, mais rien n'égale la suavité des lentes convalescences de l'âme.

824

On peut être un bon précepteur et un malhonnête homme. Il est plus facile de gouverner les passions des autres que les siennes.

825

Certains Occidentaux aux vues intéressées, loin de considérer la femme comme un objet de luxe, sont trop portés à la traiter comme une bête de « somme ».

826

J'ai connu une dame assez pieuse, mais en même temps si coquette, qu'à ses repas elle ne voulut jamais dire le bénédicité, mais toujours les grâces.

827

Qu'on cesse de nous prôner les avantages de l'expérience! Chaque âge requérant des qualités particulières, l'expérience acquise durant les périodes précédentes ne peut nous servir à rien.

828

Sommes nous bêtes! Décrétons une bonne fois que toute femme mariée devra avoir, de par la loi et l'étiquette, un ou deux amants, et alors la chose rare, originale, imprévue, le crime, si l'on veut, sera de n'appartenir qu'à son mari. Et elles en voudront toutes, de ce fruit défendu.

829

Chez le véritable pessimiste, le suicide serait le plus faux des calculs, étant pour la nature un actif moyen de reproduction.

830

Ne nous calomnions pas. Le monde compte encore plus de fanfarons de vices que de Tartuffes.

831

La flatterie est un poison, mais un poison lent ; personne n'en est mort.

832

Certains esprits, toujours en embuscade, toujours prêts à nous décocher quelque trait, nous font tenir, vis-à-vis d'eux, sur la défensive, le parapluie ouvert, et prêts à recevoir l'averse.

833

Il ne faut pas demander à une passion ce qu'elle ne peut donner. L'amour est une rose, non une immortelle.

834

Ce n'est pas le tout d'aiguiser des pointes contre un ennemi, il faut les lui enfoncer dans le corps sans trêve. Il ne suffit pas de le rouler, il faut encore que ce soit à la façon de Régulus dans son tonneau.

835

La fréquentation des momentanées ramène au lit conjugal, comme la cuisine des restaurants, à la table de famille.

836

Ce n'est que dans un puits qu'habite la Vérité, et cependant pour l'en tirer, c'est souvent la mer à boire.

837

Tant qu'à assister à un enterrement, mieux vaut encore avoir à le diriger comme parent ou comme ami ; au moins on est obligé de se donner du mouvement et cela distrait.

838

Les unions malheureuses ne seront pas plus guéries par le divorce que les maux de la vie n'étaient supprimés parce qu'on avait le suicide.

839

A voir l'ardeur avec laquelle on s'occupe d'améliorer les criminels, il est à craindre qu'ils n'aient bientôt de l'avance sur nous.

840

Les ennemis de la liberté ont mauvaise grâce à se plaindre quand on leur inflige le talion.

841

Le bon Dieu hésite toujours à frapper. La foudre elle-même tombe en zigzag, ce qui ralentit forcément sa marche.

842

Lentes commes les vagues d'une procession se déroulent les années de notre jeunesse, cette période sainte de la vie. Brèves et précipitées celles qui suivent l'âge mûr, comme une bousculade à la sortie d'un méchant théâtre d'opérettes.

843

L'homme vertueux est comme le soleil. Quand l'astre se contente de prodiguer à tous sa bienfaisante influence, nul n'y fait attention, mais dès qu'il subit une éclipse d'une heure, tous les badauds de la terre s'écarquillent les yeux à le contempler.

844

On ne sait pas suffisamment gré aux sots de leur esprit; il demande beaucoup plus d'art et de tact qu'on ne croit.

845

Le ciel gros d'orages se résout en ondées, les femmes pour soulager leur cœur meurtri déversent le lac de leurs cristallins, les hommes en proie à la désespérance répandent à grands flots l'encre de leur écritoire, et l'enfant abandonné dans son berceau se convertit en statue animée du Manneken-piss. Le liquide est décidément l'expression lacrymatoire de l'univers.

846

Un parfum pour nous plaire doit avant tout

être imprévu. Je ne comprends donc rien à la méthode qui consiste à en faire emplette à jour fixe chez les marchands. Et les femmes en agissant ainsi montrent une fois de plus qu'elles ont l'odorat moins sensible que nous. Après tout, sont-elles autre chose que des cassolettes vivantes ?

847

Parce que l'imagination nous trompe, ce n'est pas une raison pour la congédier. C'est comme une jolie fille qui triche au jeu. Sa supercherie est si charmante que nous nous gardons bien de l'entraver et que nous serions plutôt tentés de l'encourager à continuer ses tours.

848

Une bonne action faite de mauvaise grâce me rappelle toujours ces vaches qui se laissent traire de la manière la plus patiente, puis, qui se retournent et renversent le seau. Ou encore ces femmes vénales qui vous prodiguent les marques de la tendresse la plus effrénée, et, l'opération accomplie, n'ont plus que des paroles amères pour discuter le taux de leurs honoraires.

849

Un homme qui à Paris viendrait vous visiter deux fois la semaine pendant une demi-heure serait à coup sûr considéré comme un ami chaleureux et assidu. Or, au bout d'une existence moyenne, soit quarante années, il se trouverait que ce grand ami vous aurait vu environ six semaines.

850

La conscience juge en tribunal martial, sans plaidoiries.

851

Nous plaignons le suicide qui abrège de quelques jours une précaire existence. Que penser de celui qui renonce de gaîté de cœur à l'espoir d'une vie sans fin ?

852

En tapant sur le fer d'une certaine façon, on l'aimante. On peut séduire une femme par le même procédé, mais il faut savoir diriger ses coups.

853

La douleur, divin statuaire, procède à la façon de Michel-Ange, faisant voler en éclats des lambeaux de nous-mêmes pour en façonner le stoïque, chef-d'œuvre de la création.

854

Les lavages de l'âme reviennent moins cher que ceux du corps. Le moindre bain coûte trente sous, et on peut se confesser pour rien.

855

La femme est aussi légère et inconstante que le vent, soit. Elle ne peut, comme son collègue, jamais souffler que dans quatre directions différentes. D'ailleurs, il y a la région des vents alizés et la période des moussons.

856

Je me suis souvent demandé lequel avait accompli le sacrifice le plus cruel pour échapper aux séductions féminines, d'Origène qui se mutila ou de Démocrite qui se fit crever les yeux.

857

Le bonheur ne se transmet pas par héritage.

858

Quelle singulière marque de reconnaissance que d'appeler honteuses les parties du corps auxquelles nous devons la vie et des plaisirs souvent plus chers que la vie !

859

Le plus bel éloge qu'on puisse faire d'un roman en le fermant, c'est de dire : « Qu'est-ce que ça prouve ? »

860

Il est curieux de remarquer que les plus habiles dans un genre très modeste peuvent souvent marcher de pair avec des artistes d'une hiérarchie beaucoup plus élevée. Thérésa, par exemple, a autant d'envergure que la Krauss, Paulus dit mieux que plus d'un sociétaire de la Comédie-Française, et qui sait ? le premier des pêcheurs à la ligne est peut-être un psychologue de la force d'Herbert Spencer.

861

Sachant combien les femmes éprouvent de scrupules à copier le chapeau ou la robe de leur voisine, ne sommes-nous pas en droit de soupçonner qu'elles poussent plus loin l'imitation lorsque nous les voyons emprunter aux marchandes de sourires leurs ajustements et leur langage ?

862

A Tanger une jeune Sémite m'incendia l'âme si fougueusement que je ne pus m'éteindre sans un grand sacrifice. Je fus obligé de lui faire sur-le-champ une rente perpétuelle de 18,000 francs à 4 0/0. Mais le paquebot devant déraper dans la soirée même, je ne la lui servis que pendant trois heures.

863

Toujours compter 1, 2, 3, 4, 5, 6... Ne pourrait-on commencer un beau jour par le nombre 1000 et aller en descendant? De même, inaugurer la semaine par le dimanche et compter ensuite samedi, vendredi, etc. ? Les Romains, peuple grave, ne nous ont-ils pas donné l'exemple de cette variante en datant la fondation de Rome de l'an 753 avant Jésus-Christ ?

864

On oublie tous les jours sa canne ou son parapluie dans des lieux où il suffit d'étendre la main pour les reprendre, on ne les oublie jamais au vestiaire où il en coûte pour les récupérer un chapeau défoncé, des bourrades, un pourboire et un remerciement ironique du dépositaire. Décidément, la difficulté nous aiguillonne.

865

Dans le désert de la vie on rencontre par-ci par-là quelque nature bonne et honnête, mais généralement d'une bêtise nauséabonde ; de même que dans l'autre désert on trouve de loin en loin un peu d'eau, mais saumâtre.

866

Nos passions sont bien plus variées que leur objet, et l'être le plus insignifiant suffit pour en alimenter plusieurs : la curiosité, l'admiration, le désir, le mépris, l'amour-propre, la jalousie, la haine, etc. J'en passe, et des pires.

867

Celui qui ment par occasion ment toujours plus impudemment que celui qui s'est fait de la fausseté une habitude. Un marchand de vins novice ne sait pas graduer sa fuchsine.

868

Il y a des malfaiteurs qui font des crimes, il y en a qui font des phrases, il y en a qui ne font rien du tout.

869

Les notions les plus impérieuses varient étrangement suivant les latitudes. Le plus mince ouvrier hollandais est plus propre qu'une duchesse portugaise.

870

Sur le meilleur cheval de sel un cavalie inexpérimenté s'expose à moudre du poivre.

871

Il est à remarquer que si beaucoup de jeunes filles sont aujourd'hui très versées dans la grammaire, il y en a encore très peu qui déclinent le mariage.

872

Nous traitons trop la femme comme ces boîtes indiennes qui s'enchâssent les unes dans les autres. Quand nous avons suffisamment admiré la première, nous entr'ouvrons successivement les autres, mais notre désir devient de plus en plus intense et de moins en moins satisfait, puisque les boîtes vont toujours en diminuant, jusqu'à ce qu'elles arrivent à ... rien.

873

La plupart de nos vertus d'apparat ressemblent aux vases de Chine de nos cheminées. Par leur volume, leur capacité, leur valeur marchande on pourrait les croire très utiles. Jetez un coup d'œil à l'intérieur, vous n'y découvrirez que poussière et toiles d'araignée.

874

L'abondance du discours tient chez beaucoup de personnes à l'indigence des mots et des idées. On sort plus vite d'une salle de spectacle quand elle est presque vide, que le soir d'une première.

875

Il est singulier comme les sentiments religieux même excessifs haussent le niveau intellectuel de la femme. A l'inverse de ce qui a lieu pour l'homme, ils élargissent son horizon. Il y a, dirait-on, harmonie préétablie entre cet être primitif, tout d'instinct, et la catégorie la plus fruste de l'idéal.

876

Les longs mots sont comme les vêtements trop amples : ils cachent souvent quelque défaut.

877

Certains enfouissent leur sel au fond d'eux-mêmes, il faut l'en extraire à grands coups de pioche comme le sel gemme ; d'autres l'étalent en plein jour comme les marais salants. On pourrait s'y promener en bateau.

878

Rien de plus avantageux qu'un imitateur. Il nous apprend nos erreurs et nous fournit le moyen de perfectionner notre style, car nous découvrons bien vite nos défauts quand un autre les arbore; d'autant qu'on exagère volontiers ce qu'on copie.

879

Le piano se souvient trop qu'à l'origine on l'appelait piano-forte.

880

Le théâtre est, dit-on, l'image de la société; mais chacun dans le monde tenant son visage soigneusement caché, le seul théâtre fidèle à sa mission serait un bal masqué.

881

Est-ce que l'on continuera encore longtemps à n'annoncer à ses parents et amis que les mariages, les naissances et les morts ? Il n'y a donc pas d'évènements plus intéressants dans notre existence ? Tout au moins devrait-on par pitié épargner les deux premières catégories de « faire part » aux célibataires.

882

Ceux qui reçoivent de l'eau bénite de cour n'ont aucune illusion à garder. S'il sont près du bénitier, ils sont loin du chœur.

883

Qu'on ne nous tarabuste donc pas plus longtemps avec la prétendue injustice des lois du monde ! Les uns ont la jouissance et les remords; les autres, le sacrifice et les joies d'une bonne conscience. Est-ce que tout cela ne s'équilibre pas merveilleusement ?

884

Ce qu'on appelle la sagesse des nations m'inquiète un peu pour ce que doit être leur sottise.

885

C'est un grand plaisir d'être seul, surtout quand on a sa bien-aimée avec soi.

886

Qui peut le plus ne peut pas toujours le moins. C'est ainsi qu'on peut posséder toute une collection de cannes de jonc et pas un srulo etin.

887

L'amant indiscret n'a en tout que deux bonheurs, car dès qu'il a pris un confident, tout le monde est au courant. Au contraire l'amant discret a autant de bonheurs qu'il rencontre de curieux à qui il cache sa bonne fortune.

888

Malgré le proverbe, les gens de *lettre* auraient tort de s'imaginer qu'il doive exister la moindre opposition entre eux et les gens d'*esprit*.

889

Certain roi du Monomotapa ne partait pas en

campagne sans traîner à sa suite 500 bouffons pour le faire rire. Je ne puis m'empêcher de penser à cet imbécile en passant tous les matins devant un kiosque ruisselant de journaux.

890

Les romanciers les plus chastes nous semblent verser dans une aberration inavouable quand pour célébrer les charmes de leur héroïne ils nous disent qu'elle était faite comme *un* ange.

891

A quoi bon répudier les idées reçues? Ne peut-on pas les garder toutes et y joindre les siennes? Ça ne fera jamais trop.

892

On ne croit plus guère à l'enfer : cette fournaise a fini par ressembler à un simple four.

893

Les pensées précieuses sont comme les diamants. On passe beaucoup moins de temps à les trouver qu'à les polir.

894

Nos pires ennemis sont ceux qui dissimulent leurs attaques sous des dehors doucereux. Dans les calomnies les plus lourdes dont ils vous lapident il y a quelque chose de mielleux, de sucré. Ce sont des pavés de pain d'épice.

895

C'est peut-être depuis que les hommes ont renoncé à l'idéal que les femmes ont cessé de le réaliser.

896

Les grands hommes qui ornent nos places publiques dégringoleront comme les vivants. A force de gratter leur piédestal, on leur fera perdre l'équilibre.

897

Nous nous enquérons bien plus minutieusement de ceux avec qui nous voulons traiter une affaire que de ceux avec qui nous projetons simplement de lier un commerce d'amitié.

898

Le vrai moyen d'y voir clair dans un budget, public ou privé, est peut être de faire des économies de bouts de chandelle.

899

La vérité fait toujours rougir l'homme quand elle surgit devant lui, mais est-ce seulement parce qu'elle est nue ?

900

Il est de grande importance de considérer l'organe dont on se sert pour nous frapper. Autant nous mettons de soin à éviter un coup de pied, autant nous sommes heureux de recevoir un coup de main.

901

La période de floraison de la littérature est passée; de là tant de feuilles sèches.

902

Les époux mal appris qui disent à leur femme : « Que le diable t'emporte! » ne songent pas assez que la séparation ne serait que temporaire.

903

Nous sommes plus sensibles aux taches dans la matinée que le soir. Peu de consciences deviennent chatouilleuses avec l'âge.

904

Les lumières que l'Église projette sur le monde moderne sont comme celles de ses cierges : de prétentieux cylindres en bois creux dans lesquels on a introduit pour six sous de suif.

905

Il y a peut être moins de mérite à découvrir une grande vérité qu'à la supporter.

906

On ne connaît, dites-vous, ses amis que dans

l'adversité. Je ne peux pourtant pas me rendre malheureux d'abord pour les choisir.

907

Les gens toujours fourrés parmi les jupons sont particulièrement agaçants par leur prétention exclusive au bon ton ; ils me rappellent que dans les fabriques de Sheffield c'est la main des femmes qui confère leur dernier poli aux rasoirs.

908

Musicalement parlant, un Français qui parle allemand est beaucoup plus désagréable à entendre qu'un Allemand qui parle français. Soyons donc indulgents pour les accents étrangers.

909

Les peuples heureux n'ont pas d'histoire. Exemple : les Sabins.

910

Il est des esprits paresseux, incapables du

moindre effort. Obligés de se rendre à l'évidence, ils prendraient encore un fiacre.

911

Les psychologues en chambre qui se dédoublent pour s'analyser me rappellent toujours ces scarabées de Surinam, dits porte-lanternes, dont Sibylle Merian s'éclairait la nuit pour les peindre.

912

Il est assez humiliant pour la pensée humaine que les sorciers aient pu si longtemps se targuer d'être d'intelligence avec un esprit malin.

913

Le nom de Caïn est justement flétri. Pourquoi n'a-t-il pas provoqué son frère en duel?

914

Trois choses concourent à former une véritable amitié : la vertu, l'habitude et l'utilité. Mais la majorité suffit.

915

Si cela continue, on sera bientôt obligé de fréquenter les théâtres subventionnés pour entendre des femmes du monde tenir un langage un peu propre.

916

Pour tirer sur une infidèle, on ne devrait charger son révolver qu'avec de la poudre de riz, et une perle en guise de balle.

917

A quoi bon s'agenouiller pour prier ? N'est-ce pas s'éloigner d'autant du ciel ?

918

Une jeune fille bien élevée est censée tout ignorer. Qu'aurait-on en conséquence à lui répondre, si le soir même de ses noces, elle se refusait aux entreprises de son conjoint, déclarant qu'il y a erreur sur la nature de l'engagement ?

919

Le bonheur est une spirale — descendante.

920

Puisqu'il est notoirement si difficile de rencontrer un ami véritable, de quel droit en vouloir à ceux qui nous montrent qu'ils n'ont pas déniché en nous ce phénix ?

921

Pour bien élever les enfants, il ne faut pas leur donner des ordres, mais leur faire croire que le bonheur est là où nous voulons les diriger ; bref, agir pour l'amélioration de l'espèce comme agit la nature en vue de sa reproduction.

922

On a beau être avare, on prête toujours à rire.

923

Loin de s'alarmer de la sévérité avec laquelle nous nous jugeons les uns les autres, il faut s'en féliciter. Nos actes ne suivant pas la même progression que notre idéal, dans un milieu d'une moralité très raffinée, toutes les femmes seraient uniformément traitées de drôlesses et tous les hommes de fripons. Une société vraiment pourrie serait plus indulgente.

924

On crée tous les jours de nouvelles écoles pour apprendre. Est-ce qu'on n'en fondera donc jamais pour enseigner l'oubli ?

925

N'en déplaise aux esprits terre à terre, il est encore de nobles ambitions, par exemple, celle de payer son terme.

926

Celui qui serait capable d'être un véritable ami n'a pas besoin d'amis.

927

On peut affecter des qualités qu'on possède

réellement, de même qu'on peut dire la vérité, croyant mentir.

928

Ne nous attachons pas trop à scruter le mystère des belles actions. Quand il s'arrête sur une jolie femme, notre œil ne s'évertue pas à entrevoir ses viscères.

929

Pythagore en inventant son allégorie de l'Y a montré qu'en matière de morale il savait mettre les points sur les i.

930

Ceux qui doivent se faire l'idée la plus flatteuse du paradis, ce sont encore les aveugles, quand on leur promet qu'ils contempleront Dieu face à face pendant toute l'éternité.

931

La *Marseillaise*, proscrite sous l'Empire, a été adoptée par le régime suivant comme chant national. L'Église vient à son tour de la bénir.

J'espère vivre assez longtemps pour l'entendre traiter de rengaine réactionnaire.

932

Le duel a été justement appelé un combat singulier. Il est bizarre en effet qu'on n'en ait pas encore reconnu l'inutilité.

933

On entend souvent des parents traiter leurs enfants de mal élevés ; il font au moins preuve de franchise.

934

Que serait-il arrivé si Pilate avait été un juge à poigne ou que les Juifs de l'époque eussent été de mœurs douces comme aujourd'hui ? Jésus n'aurait pourtant pas pu se suicider.

935

Comment les hommes n'ont-ils pas encore eu l'idée de faire dérailler leur planète, pour voir ? Le moyen serait bien simple. Il suffirait d'accumuler sur un point tous les objets lourds du globe, les mines de plomb, la tour Eiffel, la collection complète des feuilletons de M. Sarcey, etc. Aussitôt l'axe de gravitation de la terre serait déplacé et nous piquerions une tête sur le soleil, ou même, jaillissant enfin hors du cercle d'attraction de cet astre, nous irions, comète éperdue, porter la terreur chez les habitants de Sirius. Allons, à l'ouvrage, les ouvriers des « huit heures » !

936

L'amour rapproche les distances, entre autres celle qui sépare l'homme du chien.

937

On n'a pas assez remarqué que, sur les sept péchés dits capitaux, six sont du sexe féminin, un seul du genre masculin.

938

Il me semble que Dieu nous fait un peu attendre son jugement dernier. Qu'espère-t-il encore? Sans doute, il ne sait pas bien quel article de loi nous appliquer.

939

J'avais gardé une assez haute idée de la peinture jusqu'au jour où je constatai avec quelle déplorable facilité les femmes y réussissent.

940

L'homme qui s'isole absolument se déprécie. Un volume dépareillé ne conserve pas une valeur proportionnée à la part qu'il forme dans l'ouvrage entier.

941

S'imaginer accomplir de grandes choses dont on n'est que l'humble outil, c'est imiter l'imbécile qui se flatte de jouer de l'orgue parce qu'il fait agir les soufflets.

942

Si j'étais directeur des postes, je voudrais intervertir un jour toutes les lettres destinées à être distribuées dans Paris, les changeant d'enveloppes au hasard. Je n'aurais qu'un scrupule, c'est que, malgré tout, une grande partie de ces missives tomberait juste.

943

Les choses qui nous embêtent furieusement, nous disons que nous les faisons « pour l'amour de Dieu ». Je doute qu'il y ait une locution plus malheureuse dans aucune langue.

944

Je ne demande pas mieux que de pardonner à mes ennemis, encore faudrait-il en avoir. Entendons-nous : je suis leur ennemi, ils ne sont pas les miens.

945

Convexe pour regarder les défauts des autres, notre cristallin devient concave quand il considère les nôtres.

946

Ne pourrait-on installer un tourniquet à l'entrée de la Morgue ? Le produit en serait affecté à secourir quelque malheureux las de la vie. Cela ferait toujours un figurant ou deux de moins par an dans le funèbre établissement.

947

En visitant des chapelles encombrées d'ex-voto, j'ai toujours été étonné de ne pas rencontrer de tableau représentant un malade échappé aux griffes des médecins.

948

Il n'y a pas de pécheurs plus intolérants que ceux qui viennent de se convertir; de même qu'une route n'est jamais plus rocailleuse que quand elle vient d'être macadamisée à neuf.

949

Les bibliographes sont les héraldistes des livres, puisqu'ils ne tiennent compte que de leurs titres.

950

Les cartes à jouer, destinées à amuser les loisirs d'un fou, ont gardé le stigmate de leur origine. Mais quel abîme n'ouvre pas sur notre néant la pensée qu'elles empêchent souvent de dire ou de faire des choses plus idiotes encore!

951

Tous les romans qui font dormir ne sont pas ennuyeux, par exemple les rêves.

952

Les banquiers juifs auront beau faire appel au crédit public, il leur manquera toujours les fonds du baptême.

953

La lecture remplit le moule de l'esprit, que l'écriture dégrossit, et que la conversation cisèle.

954

Les applaudissements de la claque sont agaçants, il est vrai ; toutefois il faut reconnaître qu'ils servent à ventiler les salles de théâtre.

955

Rien, dites-vous, n'est plus triste qu'un lendemain de fête. Oui, si ce n'est la fête elle-même.

956

On a vu des maris qui, à force de se teindre et de faire des cheveux blancs à leur femme, sont parvenus à faire prendre celle-ci pour leur mère.

957

Pourquoi faire si grand cas de ceux qui traduisent un auteur étranger à livre ouvert ? Il me semble qu'à livre fermé la difficulté serait bien plus considérable.

958

Exiger d'un moraliste de suivre à la lettre tous les préceptes qu'il prodigue, c'est comme si on obligeait un cordonnier à mettre toutes les chaussures qu'il fabrique.

959

C'est une erreur de croire qu'une éducation virile rapprochera le type féminin du mâle ; elle ne fera au contraire que souligner les différences. La distinction des sexes s'accentue en raison du perfectionnement du type.

960

Pourquoi l'épouse adultère ne célèbrerait-elle pas la prise du premier amant un peu comme son mariage, toutefois par une cérémonie plus discrète, quelque chose comme un bout de l'an ? Précisément rien n'empêcherait que cet évènement fût fixé en principe à un délai de douze mois après les justes noces. Les intéressés seraient ainsi prévenus et on éviterait maint conflit regrettable.

961

Si la vie est un mélodrame, il est mal fait, puisque l'intérêt va toujours en diminuant jusqu'à la fin. De plus, le dernier acte se passe entièrement en trémolos.

962

Les égoïstes, qui ramènent tout à eux, ne devraient parler qu'en aspirant. Ce sont les ventriloques du monde moral.

963

Les missionnaires ont, paraît-il, beaucoup de

mal à terroriser les Esquimaux. La crainte de feux même prolongés inquiétant peu les populations boréales.

964

Quand je pense que tous les fâcheux qu'on rencontre de par le monde sont encore menteurs par dessus le marché et dissimulent le plus gros de leur incivilité, je me demande vraiment dans quel marécage de malveillance nous croupissons.

965

Les moralistes s'étonnent de nous voir commettre aujourd'hui tant de crimes sans motifs, sans passion. Voilà ce que c'est que de nous prêcher depuis des siècles le désintéressement

966

Une femme à binocle nous paraît toujours prétentieuse. Cet objet, uniquement fait pour être regardé, qu'a-t-il besoin d'y voir ?

967

Les plus nobles ne servent souvent qu'à un

usage vil : tels ces diamants de vitriers condamnés à tailler un verre vulgaire.

968

On ne plaît pas beaucoup à beaucoup.

969

Besoin, devoir, habitude, plaisir, telles sont les quatre phases que parcourent successivement toutes les formes de l'activité humaine. La nature nous a donné le besoin ; le code ou le catéchisme, le devoir ; la répétition engendre l'habitude, et de l'habitude naît le plaisir. Enfin la satiété oblitère ce dernier et nous force à recommencer le stade.

970

Il y a des célébrités qui vous dégoûteraient de la notoriété.

971

Le mot « pauvre » appliqué aux choses de l'esprit est peut-être plus juste et plus profond qu'on ne croit. Il y a des gens qui, invinciblement, professent sur toute matière des opinions de pauvres, comme si leur goût anémié ne pouvait absorber les fortes nourritures et leurs membres veules supporter d'opulents costumes. Ils n'admettent en tout qu'un minimum de sensation et, pour ainsi dire, des doses homœopathiques d'idéal. Delacroix les aveugle et le *Crépuscule des dieux* les étourdit.

972

Malheureux au jeu, heureux auprès des femmes. Mais n'est-ce pas simplement une forme hypocrite du malheur ?

973

La calomnie, comme la bombe meurtrière, trace une sournoise parabole avant de s'abattre et de fracasser son destinataire. La médisance va droit au but comme un trait sûr de son trajet.

974

Autrefois, les médecins étaient plus francs, ils rédigeaient modestement leurs ordonnances en une langue morte.

975

L'inceste est lâche, n'étant pas puni par les lois.

976

Beaucoup de nos disputes ressemblent fort à celle de deux chauves pour un peigne.

977

Se courroucer des torts d'autrui, c'est les en punir sur soi-même.

978

Enlevez à un chien ses puces, vous lui arrachez du même coup peut-être la santé, à coup sûr le plus clair de ses distractions.

979

Rien ne sied mieux que la réserve aux vraies femmes d'esprit. Ce ne sont pas les plus mal faites qui s'habillent le plus hermétiquement.

980

La goutte est la seule maladie qui attire de la considération.

981

Vous dites que la terre se meut dans le vide, soit ; elle tourne aussi dans le ciel.

982

A quoi bon ces platoniques jérémiades sur la versatilité politique ? Pour s'en guérir, il suffirait de ne pas la combler d'honneurs, et d'expectorer une bonne fois sur sa figure les crachats dont on orne sa poitrine.

983

Certaines gens n'ont de dévouement qu'envers les idées d'autrui : celles-là, ils les adoptent généreusement et les traitent avec autant de sollicitude que leurs propres enfants.

984

L'éloquence a besoin de stimulant. On ne peut être disert dans un désert.

985

Je ne suis pas ennemi en principe des revendications des femmes, mais ne craint-on pas qu'une fois entrées dans la vie politique, elles n'étendent de par leur aveugle logique jusqu'aux choses du cœur le suffrage universel ?

986

Puisque c'est un si grave péché d'enlever la vie que Dieu nous a donnée, pourquoi n'en est-ce pas un de chercher à s'enlever les maladies dont il nous a gratifiés également ?

987

L'aurore de la liberté est toujours sanglante.

988

Pour un zéro que possèdent les sciences, combien y en a-t-il dans les lettres ?

989

C'est à coup sûr la marque d'une grande modestie, de ne dire que ce qu'on pense.

990

Le plus grand tourment des avares en enfer sera sans doute de voir comment on gaspille le chauffage.

991

Qui sait si les nuits étoilées ne sont pas tout simplement des feux d'artifice tirés pour la fête des bienheureux de première classe ?

992

Nous sommes peut-être imprudents de donner pour premiers précepteurs à nos enfants des gens qui ont peine à se faire comprendre des grandes personnes.

993

La plupart des femmes triomphent plus facilement de l'amour qu'elles éprouvent que de celui qu'elles inspirent.

994

Les endroits où l'on s'amuse donnent une terrifiante idée de ceux d'où l'ennui nous chasse.

995

Il y a des gens qui ont des difficultés à prendre la moindre décision ; ce sont les bègues de la volonté.

996

Il faut une grande abnégation pour peindre l'homme tel qu'il est, puisque c'est renoncer par là même à intéresser les siècles futurs.

997

A l'inverse de ce qui se passe en physiologie, ce ne sont que les esprits du même sexe qui se fécondent.

998

Pour se garantir des orages conjugaux, il faut se résigner à porter un parapluie à manche de corne.

999

Marguerite de Bourgogne a fait école. Est-ce qu'elles ne nous jettent pas toutes à l'eau après nous avoir utilisés ?

1000

Un des plus remarquables exemples de gradation nous est donné par ce verset de la Bible : Tu ne prendras à ton voisin ni sa femme, ni son âne, ni son bœuf, ni son serviteur.

1001

L'avare est un homme qui, devant faire un voyage, prépare pendant trente ou quarante ans des paquets qu'il n'emportera pas.

1002

Les litanies marmottées par certaines vieilles femmes ne sont peut-être qu'une forme du commérage ; elles bavardent avec Dieu.

1003

On est toujours sûr de faire rire, pourvu qu'on se résigne à faire rire de soi autant que de ce qu'on dit.

1004

Une folie complète est plus facile à enrayer qu'une demie.

1005

Il ne faut jamais faire grand fond sur les paroles mielleuses. Les sons les plus suaves sont ceux des harpes éoliennes, et c'est le vent qui les produit.

1006

On a eu bien raison de comparer le monde à un théâtre. Les meilleures places sont toujours réservées aux abonnés.

1007

Deux vrais amis ressemblent à deux horloges qui, pour marquer les secondes, sont tantôt d'accord tantôt en désaccord, mais qui, néanmoins, arrivent exactement à point pour sonner les heures.

1008

Bien des gens, devant qui chacun s'incline de leur vivant, une fois morts, tout le monde leur jette la pierre. Ce n'est pas un tombeau qu'ils ont acquis, mais un tombereau.

1009

Pour les fils de famille, l'âge ingrat se prolonge plus longtemps qu'on ne croit.

1010

Les femmes sont bien mieux partagées que nous. Nos défauts nous rendent odieux, au contraire tous leurs vices se résument à être trop aimables.

1011

Ce qui dure le plus, c'est l'honnêteté. Naturellement. Personne ne l'use.

1012

L'écueil le plus dangereux pour un jeune écrivain, ce n'est pas sa première œuvre, c'est la seconde.

1013

On connaît toujours mieux ses ennemis que ses amis.

1014

Auprès des femmes, et peut-être aussi des hommes, le plus mince succès sert plus que le plus généreux effort.

1015

Ce n'est pas à l'oiseau qu'il faut demander si le vol est laborieux.

1016

On croit souvent avoir beaucoup d'attachement pour une personne, alors que c'est uniquement une situation qui nous charme, un cadre, un paysage. Certains amis ne vont que par paires. Il en est ainsi que je n'ai jamais pu voir qu'avec d'autres. A l'état isolé, ils me sont indifférents, presque hostiles. A côté de leur parèdre seulement, de l'un ou de l'autre sexe, ils revêtent vraiment leur personnalité et m'apparaissent comme l'être complexe, le Janus que j'aime

1017

L'arbre de la science ne s'arrose que de larmes.

1018

De même qu'il y a des tyrannies qui savent se rendre caressantes, il peut y avoir des servilités impérieuses.

1019

Si au moins tous les couples humains étaient comme les huiliers de nos tables, mais non, la plupart se composent de deux burettes de vinaigre.

1020

Les blessures les plus cruelles sont l'œuvre d'anonymes. Il est rare que les projectiles que nous recevons dans la mêlée du monde portent, comme certaines balles antiques, la marque de leur expéditeur.

1021

Rien de plus utile que les conseils des gens stupides. Il suffit d'en prendre le contre-pied.

1022

On ne peut guère étouffer ses peines qu'en se privant soi-même d'air respirable.

1023

L'honneur doit être de couleur rouge, puisqu'il ne déteint pas quand on le lave dans le sang.

1024

Ceux qui devancent leur temps ne sont guère embarrassés par leur suite.

1025

Le despotisme est à la fois le tombeau et le berceau de la liberté.

1026

Il faut éviter l'abus des figures de rhétorique. De là le proverbe : Rien de trope.

1027

Les profanes ignoreront toujours les douces joies du maniaque quand il peut s'échapper de lui-même, et, au moment où chacun le croit ancré dans sa routine, bondir au plus haut de l'azur-indépendance.

1028

Le plus grand prodigue est l'avare, il gaspille tout son revenu en argent.

1029

La vie humaine est comme le fer ; si on l'exerce, elle brille ; si on la laisse, elle se couvre d'une honteuse rouille.

1030

Parlez-moi de l'écriture chinoise. Le signe 人 veut dire : femme. Redoublé, c'est-à-dire deux femmes ensemble dans un petit carré 人人 : discorde et dispute.

1031

« Ne mangez rien, ne mangez rien », dit le médecin au malade jusqu'au jour où enfin celui-ci, impatienté, mange les pissenlits par la racine.

1032

Un bel homme sans esprit ressemble à une lettre idiote calligraphiée.

1033

On désire être lu de beaucoup. Mais n'est-ce pas aussi une grande joie de pouvoir laisser courir sa plume à tort et à travers, avec l'assurance de n'être jamais contredit par personne ?

1034

J'imagine que lorsque le monde devenu chrétien renonça aux fausses divinités dont il était écœuré, son premier soin fut de se purger des dieux *Indigètes*.

1035

On a vu des architectes diocésains mener une existence répréhensible. Il est plus facile d'édifier une église que les fidèles qui s'y rassemblent.

1036

Depuis qu'on préconise si fort les exercices physiques, j'ai calculé que, pour boutonner son faux-col et ses manchettes, un homme dans la force de l'âge faisait en moyenne cinq cents pas dans sa chambre, soit environ un demi-kilomètre par jour. Voilà déjà une petite promenade hygiénique toute trouvée.

1037

La poésie moderne l'emporte de beaucoup en grandeur et en hardiesse sur les conceptions de la mythologie. A la nature, dont les anciens n'avaient su faire que des dieux, nous créons une âme.

1038

Une marque sûre qu'on est dans sa vraie voie, c'est quand on rencontre beaucoup d'obstacles.

1039

De même qu'une petite motte est une forêt vierge en miniature, on peut voir dans l'amour d'une chétive créature un raccourci de la création de l'univers. Chaque œil est un globe, chaque larme de pudeur blessée un déluge où viendra bientôt se refléter l'arc-en-ciel d'une céleste réconciliation.

1040

On m'a assuré qu'il est devenu difficile de chanter la *Juive* à l'Opéra depuis que le cardinal a perdu sa *Krauss*.

1041

La sagesse est une déesse, la prudence une bonne femme de ménage.

1042

Pauvres petites Gretchens ! Après les avoir délacées quelquefois, pour se délasser on les délaisse.

1043

Le christianisme a marqué son empreinte jusqu'au fond des ateliers typographiques. Le Saint-Augustin est un caractère supérieur au Cicéro.

1044

Les fabricateurs d'histoires miraculeuses se rendent parfois justice. Par exemple, quand ils nous parlent de l'*invention* de la sainte croix.

1045

Si la taciturnité est un défaut égal à la bavardise, du moins est-il plus rare et beaucoup moins fatigant.

1046

L'amant qui ne paye qu'en soupirs ne reçoit en échange que des sourires.

1047

Un contact journalier éteint les grandes passions. En matière de culte, tout ce qui rapproche abroge.

1048

On n'est jamais plus près du bonheur que parvenu au comble de l'infortune, car alors la moindre amélioration est pour nous un bienfait.

1049

Les grands esprits ambitionnent la gloire, les grands cœurs la méprisent.

1050

Avant d'aller crier une chose sur les toits, il faut être bien sûr du faîte.

1051

Entre les impossibilités du jeune âge et l'impuissance de l'âge mûr, il reste à la vertu une saison bien courte, bien intermittente, quelque chose de fugace, de précaire et de louche comme nos étés modernes.

1052

La tortue qui fournit la matière de tous nos peignes est entièrement glabre.

1053

Quand le flot de la poésie s'est entièrement évaporé chez un peuple, il lui reste souvent le sel de l'épigramme.

1054

Il faut avouer qu'en disant : « Que la lumière soit! », Dieu a manqué une jolie occasion de se taire.

1055

Les femmes à vapeurs arrivent plus rapidement à ce qu'elles veulent que les autres.

1056

Il y a une vilaine page dans l'histoire d'Hercule, c'est de n'avoir pas compris qu'Omphale était pour lui l'occasion d'un treizième travail d'assainissement, plus impérieux que tous les autres.

1057

La femme n'est jamais aussi déshéritée de la nature que nous. La plus bête peut avoir d'amusantes saillies.

1058

On entend assez souvent flétrir les mots à double sens par des personnes dans les discours de qui on en chercherait vainement un seul.

1059

Pourquoi l'Église a-t-elle renoncé à la fête des fous? Craignait-elle une regrettable confusion?

1060

Certaines personnes ont une façon d'ouvrir la bouche qui vous permet d'espérer fermement en voir sortir la plus grande Vérité.

1061

Il existe un glacier en Suisse qui avance à raison de quatre pouces par siècle. Nous n'avons pas de glaciers en France, mais nous avons les fiacres à quatre places avec galerie.

1062

En amour on désire toujours donner plus qu'on ne reçoit.

1063

Les bavardages futiles qui précèdent une conversation d'un intérêt grave ressemblent aux rognures de papier dont on se sert pour emballer un objet précieux.

1064

— Qu'avez-vous trouvé, vous autres philosophes? disent journellement les gens du monde. Rien du tout. — Je vous demande pardon, il n'est pas un philosophe, au contraire, digne de ce nom, qui n'ait trouvé la solution de presque tout. La seule difficulté, c'est de vous l'expliquer.

1065

Tous les amoureux traitent leur idole comme les Napolitains leur saint favori. Quand elle n'a pas fait pour eux un miracle, ils la jettent à l'eau.

1066

Souvent une sottise ne devient telle qu'en tombant dans l'oreille d'un sot.

1067

Le baiser est l'allumette qui met le feu aux poudres. Qui trop embrasse embrase.

1068

Le raffinage de quelque chose que ce soit, sucre ou compliment, lui fait perdre de son poids.

1069

La démocratie a pour réussir un secret infaillible. Ne pouvant égaler ses supérieurs, elle les égalise.

1070

Notre horizon s'élargit avec les années. Mais hélas! c'est parce que les arbres qui le masquaient se dépouillent.

1071

On prend souvent pour fières des personnes qui sont seulement myopes ou un peu sourdes.

1072

Pour qu'un commerce d'amitié soit durable, il faut de toute nécessité l'alimenter d'un intérêt quelconque, d'un prétexte à échange de vues, à discussion. Entre personnes de sexe différent, ce remplissage est tout trouvé. Mais entre hommes, une polémique littéraire ou scientifique, animée par des convictions profondes, est une garantie plus sûre de fidélité que toutes les protestations de dévouement et même les instinctives sympathies.

1073

Les admirateurs attardés du passé, ceux qu'on désigne irrespectueusement sous le nom de perruques et qu'on appellera bientôt les cheveux en brosse, sont aussi utiles que ceux qui saluent le soleil levant. Comme eux, ils ménagent les transitions de l'histoire.

1074

Il ne faut pas en vouloir aux gens qui, après nous avoir demandé des conseils, ne les suivent pas aveuglément. Réclamer plus de lumière, est-ce donc annoncer qu'on va fermer les yeux?

1075

On blâme les maris complaisants, comme s'il n'était pas préférable en somme d'être infâme à être dupe.

1076

Les impôts pèsent uniquement sur les honnêtes gens. Comment n'a-t-on pas encore songé à établir une taxe sur les voleurs? Il serait même aussi équitable qu'avantageux qu'elle fût progressive. Mais où s'arrêterait-on?

1077

Les uns s'agitent sans aucun but, les autres en ont un très-précis en vue duquel ils ne font rien. D'ailleurs, tout cela revient parfaitement au même.

1078

J'imagine que Michel-Ange faisant un portrait n'aurait pas attrapé la ressemblance, et Molière n'était sans doute qu'un comédien médiocre.

1079

— L'amour de Dieu doit suffire au cœur le plus aimant, disais-je à une personne aussi chaste que tendre. — Hélas! me répondit-elle, si l'on pouvait seulement l'embrasser ou lui serrer la main!

1080

Celui-là seul qui a eu en même temps un gilet

blanc fortement amidonné, un faux-col qui s'est détaché par derrière, une paire de souliers trop étroits qui blessent le petit orteil et un filament de viande logé entre les deux incisives supérieures du milieu, peut dire qu'il a connu le summum de l'infortune.

1081

Certains auteurs procèdent visiblement par retouches, comme s'ils craignaient de laisser deviner leur pensée. On dirait qu'ils écrivent avec de la gomme-grattoir.

1082

Si la vie est une comédie, c'est la conscience qui est le souffleur, souvent asthmatique.

1083

La bonté est une lettre de recommandation écrite avec de l'encre sympathique qui renaît devant la flamme.

1084

La moitié vaut mieux que le tout, a dit un

grand philosophe. Malheureusement l'histoire ne nous apprend pas s'il était marié.

1085

Dans les premiers temps du christianisme, les femmes n'étaient pas admises au paradis; c'est du moins ce qui ressort clairement de ce passage de l'Évangile selon Saint Jean: « Et il y eut un silence au ciel pendant une demi-heure. »

1086

Qui se promène beaucoup allonge son chemin ... vers la tombe.

1087

Le premier qui pour célébrer la douceur d'un de ses semblables a dit: « Il ne ferait pas de mal à un enfant », devait avoir une drôle d'idée de l'humanité.

1088

Il ne faut pas trop se hâter de condamner des institutions qui paraissent cruelles à distance. Par exemple, il est convenu aujourd'hui de flétrir la marque. Qui sait pourtant si cette cautérisation en attirant sur un point du corps les humeurs ne fut pas salutaire à plus d'un criminel, cette catégorie comprenant nombre de lymphatiques ?

1089

Pourquoi la vue d'un cimetière nous révolterait-elle ? Tous, ne sommes-nous pas les cimetières ambulants des animaux que nous avons dévorés, des moutons dont nous avons grignoté les côtelettes, des huîtres que nous avons inhumées vives ?.....

1090

Il ne faut pas se réjouir outre mesure d'aller au ciel. Les plaisirs trop escomptés nous déçoivent.

1091

Il y a des femmes qui, pour se faire acheter la fourrure qu'elles convoitent, se donneraient exprès une fluxion de poitrine. Elles feraient ainsi d'une pierre trois coups, étant à la fois embellies, ruineuses et plaintes.

1092

Certaines gens croient à tort que pour convaincre un auditoire il faut nécessairement l'inquiéter. Un clou ne tiendra pas mieux parce que pour l'enfoncer on aura empêché tous les voisins de dormir.

1093

Notre époque pourrait plausiblement se caractériser par sa manie d'implanter partout des prétoires. Sous le portail du plus infime bouiboui on voit maintenant se dresser un comptoir derrière lequel siègent trois conseillers au plastron neigeux, plus gourmés qu'Éaque, Minos et Rhadamanthe en personne. A l'entrée des bouillons Duval on passe devant un boxe où une gracieuse Sainte-Wehme griffonne des comptes et additionne des tripes avec des asperges. Dans les bureaux d'omnibus même, un aréopage permanent en toques à visière contrôle d'un œil sévère les plumitifs, et signe des condamnations à des quarts d'heure de prison ambulante. Enfin, je ne puis plus pénétrer dans un chalet de nécessité sans m'attendre à trouver à côté de la buraliste deux assesseurs en jupons, compulsant des paperasses ou percevant à titre d'épices le triobole qui n'a pas d'odeur. Décidément, si sa jugeotte laisse parfois à désirer, on ne pourra pas dire que notre siècle a manqué de juges !

1094

Les hommes sont rangés dans le monde comme les mots dans un dictionnaire : ceux de même racine étroitement groupés avec un air de famille ; les homonymes, c'est-à-dire ceux qui n'ont d'ami que le nom et l'apparence extérieure, aussi tout près les uns des autres, et s'accablant d'obséquiosités ; au contraire, les synonymes et les antonymes, c'est-à-dire les vrais amis et les ennemis, sont dispersés çà et là, les uns par prudence ou satiété, les autres par répulsion — toujours comme dans la vie.

1095

Le Parisien est si poli qu'il témoigne de l'humeur à l'égard des personnes qui ouvrent prématurément leur parapluie. Il semble qu'il faille craindre de désobliger même la pluie en montrant trop d'empressement à s'apercevoir de sa présence.

1096

Toutes les générations passées ne sont plus que poussière. Par un grand vent, c'est peut-être un de nos ancêtres qui, introduit partiellement dans notre narine, nous fait éternuer. A vos souhaits, grand-papa !

1097

On n'a plus le droit de mépriser les mouches de toilette depuis l'usage qu'en fit Madame de Pompadour. On sait qu'à l'aide de ces grains de beauté factices la célèbre favorite marquait sur des espèces de plans les différents points qu'elle conseillait au maréchal d'Estrée de défendre ou d'attaquer. Que d'obscures victimes ne dut pas causer cette façon dangereuse de placer les assassines !

1098

Heureux les papillons ! Après leur dernière métamorphose, ils ne sont plus condamnés, comme nous parfois, à redevenir chenilles et, hôtes bannis des roses, à ramper dans l'ombre, rongeant des feuilles ternes et sans saveur.

1099

Malgré les progrès de la médecine, notre âme est restée superstitieuse. Ses maladies se guérissent mieux par des amulettes que par des remèdes.

1100

Si l'eau de mer se forme des larmes que la nature verse sur l'infinie misère de notre planète, il n'est pas étonnant qu'elle couvre les trois quarts de sa surface.

FIN

TABLE DES MATIÈRES

Nota. — Les chiffres renvoient, non au numéro des pages, mais à celui des pensées elles-mêmes.

A

Aberration, 890.
Abnégation, 996.
Académie, 772.
Académiques (palmes), 337.
Accent, 503, 908.
Ache (feuille d'), 118.
Adam, 162.
Adieux, 153.
Adultère, 380, 436, 501, 690, 791, 960.
Adversité, 472.
Aérolithes, 517.
Age, 208.
Agriculture, 745.
Aimant, 240.
Alcool, 765.
Alcôve, 54.
Aliénés, 447.
Alimentation, 105.
Allemand, 259, 610, 686.
Allumettes, 703, 1067.
Allure, 741.
Alouette, 682.

Ambitieux, 290.
Ambition, 336, 352, 925.
Ame, 500, 597, 1099.
Ames, 543.
Américains, 723.
Amérique du Sud, 22.
Amis, 8, 17, 33, 35, 39, 222, 292, 374, 386, 465, 591, 616, 849, 906, 920, 926, 1007, 1013, 1016.
Amitié, 121, 213, 221, 394, 516, 557, 711, 792, 897, 914, 1072.
Amour, 16, 17, 20, 30, 44, 57, 70, 91, 102, 110, 157, 167, 176, 313, 336, 362, 389, 397, 400, 430, 433, 436, 444, 468, 473, 486, 498, 513, 516, 526, 581, 584, 651, 667, 689, 693, 713, 721, 733, 745, 775, 803, 833, 862, 887, 936, 993, 1039, 1046, 1047, 1062, 1065, 1079.
Amour-propre, 135.
Amulettes, 1099.
Anachronisme, 16.
Analyse, 775.

Anarchie, 457.
Ancêtres, 199, 351, 453, 630, 771, 1096.
Ane, 179, 256.
Anévrisme, 338.
Anguilles, 417.
Anonyme, 1020.
Anthropométrie, 655.
Antidotes, 55.
Antiquité, 601.
Antisémitisme, 619.
Antonymes, 1094.
Appétit, 44, 567, 727.
Aquarium, 477.
Arabes, 551.
Araignée, 142, 447.
Arbre à pain, 731.
Arc-en-ciel, 1089.
Archéologie, 12.
Architectes, 1035.
Architecture, 86.
Argent, 123, 697.
Aristocratie, 630.
Armoire, 685.
Artificiel, 634.
Artillerie, 202.
Artistes, 860.
Assainissement, 1056.
Assassines, 1097.
Astarté, 12.
Athéisme, 533.
Atres, 265.
Attachement, 132.
Austerlitz, 481.

Avares, 146, 750, 923, 990, 1001, 1028.
Aveuglement, 27, 461.
Aveugles, 930.
Avocats, 237.
Avortement, 124.

B

Bacille virgule, 789.
Badauderie, 89.
Bain, 313, 854.
Baiser, 1067.
Ballons, 575, 769.
Bals, 108.
Balthazar, 425.
Banque de France, 606.
Banquets, 573.
Barême, 690.
Bassesse, 228, 450.
Bateau-fleurs, 224.
Bavardages, 1050, 1063.
Bavards, 378, 480, 751.
Bazars, 685.
Bègues, 995.
Belle-mère, 283, 657.
Bénite (eau), 882.
Béquilles, 30, 76.
Besoin, 507.
Bible, 138, 1000.
Bibliographes, 949.
Bibliothèques, 518.
Bienveillance, 119, 608.

Billards, 77, 587.
Binocle, 966.
Bizarrerie, 26.
Blanche de Castille, 130.
Blanchissage, 130.
Blasés, 358.
Blason, 261.
Blasphème, 343.
Bonheur, 53. 87, 123, 302, 635, 672, 760, 857, 919, 1048.
Bonté, 13, 71, 865, 1083.
Bouche, 1060.
Boue (bains de), 418.
Bouffons, 889.
Bouillon, 659.
— Duval, 1093.
Boulettes, 562, 679.
Bourreau, 307.
Boursouflure, 558.
Boutiques, 685.
Boutiquiers, 766.
Bravoure, 167.
Brébant, 44.
Brochet, 477.
Brosse, 96.
Bruit, 206.
Bruno (S.), 726.
Bûchers, 585, 678.
Budget, 898.
Bureaucratie, 499.

C

Cadeaux, 711.

Café, 134.
Caïn, 913.
Calembours, 131, 1058.
Caligula, 61.
Calomniateur, 309.
Calomnie, 128, 236, 373, 451, 807, 973.
Calumet, 662.
Canards, 753.
Caniche, 110.
Cannes, 204, 753.
Caoutchouc, 723.
Capital, 442.
Caractère, 174, 432.
Carambolages, 77.
Cardinaux, 664.
Caricature, 622.
Carnot, 572.
Cartes à jouer, 217, 587, 950.
Casserole, 269.
Castor, 35.
Cataracte, 165.
Catherine de Suède, 585.
Catholiques, 605.
Caton, 287.
Cavalier, 870.
Cèdre du Liban, 222.
Ceinture, 813.
Céleri, 118.
Célibat, 254.
Célibataires, 881.
Cendres (mercredi des), 585.
Censure, 529.
Cercueil, 134.

Cerf-volant, 473.
Cerveau, 141, 190.
Chagrins, 73, 331.
Chalet de nécessité, 1093.
Chameau, 708.
Chandelles, 308.
Chanoines, 202.
Chapeaux, 85, 139, 498, 410.
Char de l'Etat, 618.
Charbonnier, 611.
Charité, 244, 650.
Charmeuses, 278.
Chat, 196.
Chauves, 976.
Chaux, 746.
Chef, 261.
Chemin de fer, 507.
Cheminée, 205, 475.
Chenilles, 248, 781, 1098.
Chevaux, 61, 257.
Cheville, 106.
Chien, 196, 260, 936, 978.
Chiffonner, 660.
Chimères, 358.
Chine, 622.
— (vases de), 873.
Chinois, 399, 1030.
Chrétiens, 712.
Christianisme, 1043.
Chronomètre, 794.
Chrysalide, 248.
Cicatrices, 205.
Ciel-de-lit, 114.
Cierges, 2, 904.

Cigares, 403.
Cimetières, 1089.
Cirsé, 104.
Circoncision, 500.
Claque, 954.
Classification de l'humanité, 21
Cléopâtre, 4.
Clergé, 595, 701.
Cloches, 202.
Clou, 1092.
Cochenille, 324.
Cochon, 668.
Code pénal, 701.
Coëfficient, 15.
Cœur, 56, 141, 172, 235, 338, 353, 720.
— humain, 51.
— de Jésus, 704.
Coïncidences, 116.
Colère, 977.
Collections, 886.
Collégien, 537.
Collisions, 575.
Colonne (M.), 327.
Comble, 261.
Comédies, 797.
Commérage, 1002.
Commune, 370
Compensations, 719, 883.
Complicité, 755.
Compliments, 280.
Comptabilité, 673.
Concertos, 65.
Concerts, 327.

Concubinage, 665.
Conduite, 518.
Confession, 595, 608, 854.
Confiance, 710.
Confitures, 980.
Confucius, 140.
Conscience, 850, 903, 1082.
Conseils, 1021, 1074.
Conseil municipal, 329.
Consolations, 55.
Constance, 189.
Constitutions, 81.
Contact, 1047.
Contagion, 861.
Contradiction, 796.
Contrefacteur, 843.
Convalescence, 823.
Convenances, 403.
Conversation, 503.
Conversions, 646.
Convictions, 599.
Coqs, 227.
Coquetterie, 94, 511, 774, 826.
Coquettes, 235.
Corday (Charlotte), 496.
Cordonniers, 958.
Corps, 626, 694.
Correspondance, 803.
Corruption, 60.
Corsets, 90.
Corvées, 635.
Cosmogonie, 216.
Cosmographie, 811, 981.
Coups d'Etat, 273.

Coup de pied, 950.
Coupe, 240.
Cour d'assises, 247.
Courage, 306.
Courtisanes, 403, 848.
Couteaux, 66.
Couture, 563.
Crachoir, 624.
Cravate, 43, 529.
Création, 267, 312, 334, 623, 631.
Crédulité, 178.
Crétins, 348, 411.
Crimes, 648.
Criminels, 839.
Crinolines, 439.
Criterium de certitude, 7.
Critiques, 25, 346.
Croix, 211.
Cuisses, 470.
Culbutes, 277.
Cul-de-jatte, 308.
Culte, 44, 91.
Cumul, 658.
Cure-dent, 204.
Curiosité, 471.

D

Danger, 306.
Danse de St-Guy, 638.
Danton, 780.
David, 262.
Déchéance, 967.

Décorations, 145, 629.
Défauts, 204, 715, 945.
Défensive, 852.
Déguisement, 541.
Delacroix, 971.
Délassement, 1042.
Délicats, 298
Démence, 268.
Démocratie, 1069.
Démocrite, 856.
Dents, 272, 674.
Dentiste, 532.
Dépit, 182.
Déraillement, 935.
Désert, 274, 865.
Désintéressement, 965.
Despotisme, 1025.
Deuil, 192, 434.
Devoir, 670.
Dévouement, 72, 871.
Diable, 9, 150.
Diamant, 295, 893, 967.
Dictionnaire, 778, 1094.
Diderot, 460.
Dieu, 143, 300, 316, 382, 508, 696, 757, 821, 943, 1054.
Difficulté, 864.
Diogène, 519.
Discrétion, 223, 887, 928.
Discussion, 556, 681.
Disputes, 976.
Dissimulation, 376.
Distractions, 82, 282, 684, 748, 756.

Divertissement, 994.
Divorce, 169, 898.
Domesticité, 230.
Domestiques, 992.
Dominicains, 855.
Domino, 587.
Don Juan, 590, 655.
Don Juanisme, 16.
Don Quichotte, 681.
Dot, 615.
Douceur, 1087.
Douleur, 169, 674, 853.
Doute, 422, 550.
Drames, 265.
Droit, 169.
Dualité, 1016.
Duel, 423, 913, 992.
Duplicité, 99, 699.
Dyspnée, 285.

E

Eau, 204.
— forte, 544.
Ecchymoses, 152.
Echelle, 484.
Echo, 119.
Echotiers, 675.
Eclairer, 328.
Eclipse, 843.
Ecoles, 924.
Economie, 100, 112, 368.
Ecriture, 149.
— Sainte, 5.

Ecrivains, 616, 673, 682, 1012, 1093.
Ecume de mer, 795.
Eden, 5.
Edification, 1095.
Education, 96, 445, 601, 921, 939, 992.
Egalité, 606.
Eglise, 523, 550, 559, 585, 904, 1059.
Egoïsme, 67, 95, 594.
Egoïstes, 310, 962.
Eiffel, 332, 935.
Eléphant, 204.
Elevé (homme bien), 945.
Eloge, 859.
Eloquence, 984.
Elvire, 530.
Emballages, 1063.
Emotions, 98, 576.
Emphase, 525.
Encre sympathique, 1083.
Enfance, 205, 251, 588.
Enfants, 24, 782, 1037.
Enfer, 109, 316, 892, 963, 990.
Ennemis, 350, 591, 616, 834, 894, 944, 1013, 1020.
Ennui, 46, 727, 994.
Enseignement, 124, 661.
Enterrement, 837.
Enthousiasme, 406.
Envie, 84, 308, 607.
Epaminondas, 355.
Epice (pain d'), 894.

Epigramme, 1059.
Epingles, 420.
Eponges, 282.
Equilibre moral, 933.
Erato, 673.
Escalier à vices, 538.
Escompte, 73.
Espace, 695.
Espoir, 250.
Esprit, 120, 129, 200, 497, 590, 602, 691, 703, 739, 767.
Esquimaux, 963.
Estrée (Maréchal d'), 1097
Eternité, 275, 574.
Etiquette, 75, 220.
Etoiles, 512, 991.
Étouffement, 1022.
Etymologie, 144.
Eucharistie, 479.
Eunuques, 688.
Euphémismes, 604.
Eve, 162, 212, 319, 491.
Eventail, 756.
Exagération, 169.
Excommunication, 781.
Excuse, 822.
Exemple, 92.
Expédients, 621.
Expérience, 78, 203, 827.
Expropriation, 692.
Extérieur, 560.
Ex-voto, 947.

F

Faconde, 874.
Faillite, 339, 714.
Faire-part, 881.
Fantasque (allure), 314.
Fard, 669.
Faucon, 771.
Faussaires, 373.
Fausseté, 669.
Faust, 725.
Fautes, 187.
Faux-cols, 9, 1036, 1080.
Faux (esprits), 7.
Faveur, 145.
Favoris, 735.
Fécondation, 553, 997.
Félicité, 283.
Femmes, 6, 10, 14, 15, 28, 29, 34, 36, 37, 39, 40, 41, 50, 51, 63, 74, 83, 93, 99, 108, 114, 126, 132, 134, 148, 158, 159, 183, 207, 226, 241, 246, 249, 252, 258, 281, 284, 286, 291, 295, 297, 305, 311, 317, 331, 347, 349, 380, 393, 414, 417, 419, 434, 436, 439, 440, 446, 449, 477, 482, 487, 491, 495, 504, 510, 631, 636, 637, 672, 699, 717, 778, 796, 800, 810, 813, 815, 818, 825, 826, 846, 856, 861, 872, 875, 895, 907, 915, 928, 937, 939, 959, 966, 979, 985, 1000, 1010, 1014, 1030, 1055, 1056, 1057, 1085, 1091.
Fer, 245, 1029.
— à cheval, 551.
Fermoirs, 577.
Fête, 955.
Feuilleton, 478.
Fiacres, 910, 981.
Ficelles, 476.
Fidélité, 800.
Fierté, 1071.
Fil, 234.
Filous, 80.
Fin de siècle, 578.
Finances, 581.
Finesse, 155.
Flânerie, 409.
Flatterie, 831.
Flatteurs, 85, 354.
Fluxion de poitrine, 1091.
Foires, 42.
Folie, 181, 1004.
Fonctionnarisme, 483.
Force, 169, 300.
Forteresse, 29.
Fortune, 103.
Foudre, 841.
Fourmi, 52.
Fourreau, 482.
Fous (fête des), 1059.
France, 273.
Franchise, 933, 989.
François d'Assise, 726.
Frelon, 309.

Frivolité, 47.
Froideur, 295.
Fuchsine, 807.
Fumeurs, 113, 795.

G

Galilée, 48, 127, 737.
Gants, 610.
Garde-champêtre, 149.
Gastrite, 182.
Génie, 60, 193, 303.
Germains, 716.
Gesto, 570.
Girouettes, 802.
Glaciers, 1061.
Gloire, 298, 950, 970, 1049.
Golgotha, 75.
Gomme-grattoir, 1081.
Gourmand, 271.
Gourmandise, 212.
Goutte, 980.
Gouvernement, 683.
Grâces, 777.
— (mauvaise), 848.
Gradation, 1000.
Graissage des machines, 107.
Graisse, 659.
Grammaire, 871.
Grands, 187.
— hommes, 742, 896.
Gretchen, 1042.
Grimaces, 277.
Grossièreté, 620.
Guerre, 167, 185.

Gymnastique, 1036.

H

Haine, 84.
Halte ! 239.
Hanneton, 234.
Harpe éolienne, 1005.
Hausse, 197.
Henri II, 633.
Héraclite, 266.
Hercule, 287, 1056.
Héritiers, 799.
Hespérides (Jardin des), 146.
Hiéroglyphes, 303.
Hindoustan, 687.
Hirondelle, 314.
Histoire, 555, 641.
Homère, 784.
Homonymes, 1094.
Honnêtes gens, 80.
Honnêteté, 363, 1011.
Honneur, 626, 1023.
Honteuses (parties), 58.
Horloges, 548, 1007.
— personnelle, 43.
Housses, 805.
Hugo (Victor), 86.
Huile, 270.
Huîtres, 1089.
Humanité, 595.
Hydre, 457.
Hydrographie, 415.
Hypocrites, 69.

I

Idéal, 52 784, 805.
Idées, 891.
Idiots, 156, 1092.
Idiotie, 208.
Idoles, 619.
Ignorance, 165.
Ignorants, 749.
Illogisme, 404.
Illumination, 383.
Imagination, 104, 528, 673, 847.
Imitateurs, 878.
Immortalité, 201.
Immortelle, 893.
Impôts, 77, 101, 372, 1076.
Imprévoyance, 798.
Incendie, 153.
Inceste, 975.
Incitatus, 61.
Inconséquence, 307.
Inconstance, 336.
Indécence, 818.
Indélicatesse, 579.
Indécis, 995.
Indulgences, 22.
Infidélité, 18, 916.
Infortune, 177, 1080.
Infusoire, 216.
Ingratitude, 164, 221, 233, 742.
Ingrats, 13, 76, 171, 177.
Ingrat (Âge), 1009.
Inquisition, 32.

Insatiables, 23.
Instruction, 11, 149, 258.
Insulteurs, 565.
Intentions (bonnes), 109.
Intestins, 293.
Intolérance, 948.
Invalides, 505.
Invention, 1044
Isaäc, 726.
Islam, 54.
Israël, 484, 619.
Ivrognerie, 671.

J

Jacob, 484.
Jacobins, 555.
Jalousie, 39, 278.
Jarretière, 818.
Jean (S.), 1085.
Jérémie, 262.
Jésus-Christ, 262, 640, 652, 934.
Jeu, 740, 972.
Jeunesse, 26, 564.
Job, 138.
Jonas, 90.
Josué, 127, 481.
Joueurs, 125, 625.
Joujoux, 40, 251.
Journalistes, 596.
Journaux, 219, 889, 901.
Judas, 632.
Jugement, 460, 589.

Jugement dernier, 230, 998.
Juges, 1093.
Juifs, 747, 952.
Juive (la), 1010.
Jumeaux, 699.
Jupiter, 687, 710.
Justice, 654.

K

Kant, 672.
Képler, 460.
Koubba, 54.
Koumiss, 896.
Krauss, 860, 1040.

L

Lait, 816.
Lamartine, 224.
Lampyres, 157.
Lancette, 650.
Langage, 319, 599, 664, 676, 714, 814, 876, 943.
Langue, 225.
Lanterne magique, 14.
— sourde, 120.
Larmes, 173, 413, 845, 799, 1039, 1100.
Larrons, 552.
Laurier, 330.
Lecture, 390, 636, 649, 778, 953.
Légende, 90.
Légion d'honneur, 402.

Législation, 416.
Lemaître (Jules), 339.
Lendemain, 270.
Lentour, 1061.
Léon X, 23.
Lettres (gens de), 889.
Liberté, 987.
Lierre, 121.
Lieux-communs, 929, 495.
Lièvre, 148.
Linceul, 292.
Liqueurs, 134.
Liquide, 845.
Litanies, 1002.
Livres, 186.
Lois, 811.
Londres, 130.
Loquacité, 509.
Louis XIV, 415.
Louis-Philippe, 219, 785.
Loupe, 691.
Loups, 861.
Lune, 185, 269, 294, 641.

M

Machine pneumatique, 488.
Madeleine, 126.
Mademoiselle de Maupin, 32.
Madone Sixtine, 32.
Magistrats, 812.
Maintien, 241.
Maître, 787.
Malades, 2.

Maladies, 279, 707, 710.
— de peau, 138, 715.
Malfaiteurs, 301, 868.
Malheur, 38, 88, 302, 972.
Malheureux, 586.
Malins, 150.
Malveillance, 904.
Manchots, 246.
Maniaque, 1027.
Manneken-piss, 845.
Manuels, 11.
Marat, 496.
Marc-Antoine, 4.
Mardi-gras, 106.
Marguerite, 725.
— de Bourgogne, 999.
Mariage, 113, 122, 161, 217, 218, 285, 238, 291, 321, 327, 344, 360, 423, 434, 448, 466, 469, 474, 485, 492, 501, 586, 627, 657, 677, 680, 702, 706, 768, 776, 793, 797, 828, 835, 838, 871, 902, 918, 956, 960, 998, 1010, 1076, 1084.
Marie Alacoque, 453.
Marly, 415.
Marque, 1088.
Marsch! 259.
Marseillaise, 931.
Martingale, 125.
Maternité, 401.
Méchants, 9, 191.
Médecine, 986, 1099.
— (Faculté de), 86.

Médecins, 947, 974, 1031.
Médiocres, 66.
Médisance, 807, 973.
Médisants, 68, 700.
Méditation, 770.
Mélodrame, 961.
Mémoire, 528.
Ménagement, 209.
Mensonge, 408, 547.
Menteurs, 494, 732, 867, 927.
Menthe, 531.
Mépris, 313, 405.
Mer (eau de) 1100.
Mercenaires, 687.
Mères, 166.
Merian (Sibylle), 911.
Messaline, 690.
Messe papale, 75.
Mesure, 579.
Métamorphoses, 1098.
Métaphysique, 527.
Meule, 163.
Michel-Ange, 853, 1078.
Microscope, 571.
Mielleux (discours), 1005.
Militaires, 200.
Mineurs, 88.
Ministres, 197, 679.
Miracles, 718, 1044.
Miroir, 226, 524.
Misanthropie, 23.
Misère humaine, 1100.
Moderne (vie), 583.
Modestie, 195, 201, 290, 989.

Modistes, 442.
Moitié, 208, 1084.
Molière, 369, 1078.
Mollusques, 856.
Monde, 320, 502, 722, 724, 758, 830, 1008, 1094.
Monnaie, 345.
Monotonie, 301, 969.
Montaigne, 140.
Montesquieu, 460.
Montre, 542, 089.
Morale, 107, 388.
Moralistes, 958.
Morcellement, 987.
Morgue, 525.
Morgue, 946.
Mort, 73, 129, 178, 221, 282, 335, 338, 801, 514, 583, 717.
Mort (peine de), 490, 521.
Morts-nés, 520.
Motifs, 271.
Motte, 267.
Mouches de toilette, 1097.
Moutons, 549, 707.
Moyen-âge, 485.
Muséum, 86.
Musique, 65, 407.
Myopie, 1071.
Myriapodes, 633.
Mystère, 425.
Mythologie, 859, 473.

N

Nacelle, 224.
Naissances, 24.
Naples, 416, 704.
Napoléon I, 339, 481, 561, 720.
Napolitains, 1005.
Natation, 647.
Naturalisme, 224, 470, 571.
Nature, 45, 89.
Nécessité, 429.
Négresse, 281.
Nerfs, 196, 697.
Néron, 578.
Nez, 4, 220, 475.
Noblesse, 427, 798.
Noé, 443.
— (arche de), 142.
Nombre, 609.
Noms de famille, 19.
Notre-Dame de Paris, 44.
Nourrices, 72.
Noyade, 90.
Numération, 863.

O

Objection, 767.
Obscénité, 323.
Obscurité, 303.
Obséquiosité, 764.
Obstacles, 1038.
Occasion, 744.
Océan, 216.

Œil, 1099.
Œuf, 340.
Officiers, 629.
Ohnet (Georges), 329.
Oie, 204.
Oiseaux, 689, 1015.
Ombrelle, 241.
Omnibus, 11, 618, 801.
Omphale, 1056.
Opéra, 1040.
Opportunisme, 573.
Optimisme, 573.
Opulence, 647.
Or, 765.
Orateur, 663.
Orgueil, 769.
Orgueilleux, 115.
Origène, 543.
Originalité, 231, 467.
Origine de l'homme, 277.
Orthographe, 441.
Orties, 810.
Oubli, 272.
Outil, 941.
Outrages, 456.

P

Paganisme, 1034.
Palais de Justice, 606.
Palerme, 693.
Panama, 22.
Paoka, 687.
Panthéon, 168.

Papillon, 48, 248, 495, 1098.
Paradis, 114, 168, 574, 656, 698, 785, 93), 1090.
 — de Mahomet, 106.
Parapluies, 801, 1095.
Paratonnerres, 569.
Pardon, 18, 188.
Parents, 189, 653.
Paresse, 910.
Parfums, 428, 846.
Paris, 695, 849.
Parisien, 1095.
Parisienne, 170.
Parole, 503.
Parti (esprit de), 341.
Partialité, 945.
Parure, 462.
Pascal, 4, 329, 514.
Passions, 46, 239, 256, 355, 356, 377, 412, 431, 763, 824, 866.
Pater, 728.
Paternité, 199.
Pathos, 546.
Patience, 598.
Patinage, 229.
Patrick (S.), 437.
Paul (S.) 262, 701.
Paulus, 860.
Pauvres, 244, 567, 971.
Pêche, 634, 860.
Péché, 937.
 — originel, 31.
Pêcheurs, 948.
Péculat, 581.

Pédantisme, 47.
Peignes, 1052.
Pointure, 819, 939.
Pèlerins, 274.
Pelle, 248.
Pellisson, 447.
Pénalités, 158.
Pendu, 628.
Pensées, 893.
Perroquets, 581.
Persuasion, 1092.
Perversité, 193.
Pessimisme, 45, 58.
Pessimistes, 573, 820.
Peur, 709.
Phénix, 370.
Philosophes, 49, 487, 1064.
Philosophie, 3.
Phosphore, 209.
Phtisique, 624.
Physique, 527.
Piano, 879.
Pieds, 712.
Pierre (S.), 262.
Pierre à aiguiser, 755.
Pilate, 934.
Pitié, 154.
Plagiat, 983.
Plaie, 342.
Plaire, 137.
— (don de), 968.
Plaisanterie, 806.
Plaisirs, 73.
Plantes, 118, 176.

Plâtrage des vins, 932.
Pléonasme, 97.
Pluie, 242, 1095.
Plume d'autruche, 536.
Poésie, 794, 798, 1037, 1053.
Poètes, 25.
Pois (petits), 294.
Poisons, 50.
Poissons, 203, 729.
Poivre, 804, 870.
Pôle, 384.
Police, 144.
Politesse, 144, 1095.
Politiciens, 99, 185.
Politique, 144, 385, 392, 568 982.
Pollux, 35.
Pologne, 754.
Polygamie, 20.
Polyglotte, 113.
Pommes, 5, 31, 212.
— de terre, 351.
Pompadour (Mme de), 1097.
Pont des Arts, 89.
Popularité, 298.
Pornographie, 478.
Postes, 942.
Poudre, 593.
Pourpre, 324.
Pouvoir, 600.
Précepteur, 824.
Prédicateurs, 644.
Préface, 452.
Préjugés, 357, 817

Proscription, 192.
Présents, 510.
Présomption, 941.
Presse, 809.
Prêt, 184.
Prétoires, 1093.
Prières, 367, 983, 917.
— (livre de), 241.
Prismes (hommes-), 21.
Procureurs généraux, 307.
Prodigues, 271, 750.
Progrès, 22, 48, 263, 1024.
Promenade, 1086.
Prophète, 556.
Propreté, 869.
Prostitution, 615, 759.
Protestants, 605.
Proverbes, 58, 59, 148, 276, 361, 429, 680, 700, 702, 884, 909, 972, 1026, 1067.
Providence, 378, 580, 653.
Proxénétisme, 825.
Prudence, 723, 1041.
Pruth, 375.
Psychologues, 911.
Pucerons, 539.
Puces, 978.
Pudeur, 1, 317.
Pudridero, 106.
Puits, 836.
Purgatoire, 363.
Pyramides, 675, 791.
Pythagore, 929.

Q

Quête, 6.

R

Rabelais, 713.
Raffinage, 1068.
Raison (âge de), 559.
Ramoneurs, 352.
Raphaël, 32.
Rapporteurs, 346.
Rasoirs, 907.
Ratés, 379.
Ratelier, 62.
Réactionnaires, 1073.
Réduves, 180.
Régulus, 834.
Reichshoffen, 674.
Religions, 32, 91, 126, 396, 552, 592, 617, 652, 704, 730, 741, 747, 773, 779.
Religiosité, 875.
Reliques, 213.
Renard, 354.
Rencontres, 458.
Renommée, 330, 754.
Repentir, 648.
Représailles, 294.
Reproches, 420.
Réputation, 230, 232.
Réserve, 979.
Respect humain, 250.
Respiration, 285.
Restaurant, 252.

Restauration, 219.
Régie, 603.
Regrets, 79.
Retouches, 1081.
Revenants, 570.
Révérence, 183.
Rêves, 253, 752, 951.
Rêverie, 770.
Révolution française, 64, 780.
Rhétorique (figures de), 1026.
Rhodope, 791.
Ribot, 819.
Richelieu, 726.
Riches, 603.
Richesses, 471.
Ridicule, 260, 288.
Rire, 266, 786, 1003.
Robe, 482.
Robespierre, 780.
Romains, 716, 863.
Romans, 859, 951.
Roméo, 794.
Rose, 235, 833.
Rosier, 179.
Rossignols, 361, 766.
Rotifères, 599.
Roue, 206.
— (graissage de), 237.
Rougeur, 1.
Rousseau (J.J.), 329, 401.
Ruolz, 253.
Russie, 147.

S

Sabbat, 194.
Sabins, 909.
Sacrifice, 856.
Sages, 181.
Sagesse, 61, 1041.
Saillies, 1057.
Saint-Étienne-du-Mont, 704.
Salut, 183.
Sang, 371.
Sarcey (Francisque), 935.
Savants, 611, 749.
Savon, 479.
Scandale, 612.
Scepticisme, 340, 384.
Schopenhauer, 348.
Schwartz (Berthold), 593.
Science, 86, 125, 216, 274, 1017.
Sceptiques, 211.
Secret, 223.
Séduction, 464, 852.
Sel, 804, 877.
Sémiramis, 398.
Sens (bon), 256.
Sensitifs, 761.
Séparations, 245.
Sérieux, 806.]
Serpent, 128, 236, 451.
Serrures, 645.
Servilité, 1018.
Sévérité, 923.
Sextant, 670,
Sheffield, 907.

s (livres), – J. 1085.
717.
–, 277.
Sirius, 935.
Sirocco, 416.
Sixtine (Chapelle), 566.
Sobriété, 708.
Socialistes, 785.
Société, 247.
Soldats, 315.
Soleil, 89, 514, 530.
Solitude, 604, 707, 885, 940.
Sorbonne, 86.
Sorcières, 194.
Sorciers, 912.
Sots, 534, 602, 708, 844, 1066.
Sottise, 210, 276, 540.
Souffleur, 1082.
Soulier, 264.
Soupirs, 1046.
Sourire, 173.
Spéculations, 158.
Spencer (Herbert), 860.
Spiritualisme, 395.
Statistique, 89.
Stellionat, 730.
Stérilité, 162.
Stoïque, 853.
Strabisme, 165.
Style, 231.
Sublime, 288.
Succès, 214, 1014.

Sucre, 1068.
Suffrage universel, 589, 703, 985.
Suicide, 287, 818, 829, 898, 851, 986.
Suisse, 649.
Supplices, 588.
Surdité, 1071.
Sycophante, 441.
Sympathie, 225.
Synonymes, 1094.
Systèmes, 859.

T

Tabac, 325, 505.
Taches, 776, 903.
Taciturnité, 1045.
Tailles, 820,
Talion, 10, 147, 554, 840.
Talons, 811.,
Tanger, 862,
Tanit, 12,
Tartuffe, 830.
Tcheng-ki-tong, 622.
Télégraphe, 190.
Temple, 214.
Temps, 695.
Terre, 269, 562, 614.
— (rotation de la), 443.
— Sainte, 737.
Théâtres, 161, 880, 1006.
Théologiens, 321.
Thérésa, 860.

Thon, 720.
Thor, 716.
Tibère, 784.
Timbre, 509.
Titres, 175, 299.
Toits, 1050.
Tombeau, 296, 1008.
Tombereau, 1008.
Tonneau, 519.
Torquemada, 92.
Tortue, 1052.
Tourguéniev, 721.
Tournures, 439.
Traductions, 284, 582, 957.
Tragédies, 797.
Trahison, 304, 632.
Transitions, 1073.
Travail, 633, 749.
Travaux, 215.
Tread-mill, 499.
Trèfle, 437.
Tremblement de terre, 666, 808.
Tricherie, 625, 847.
Tricycle, 708.
Trinité, 437.
Trou, 432.
Trousseau, 474.
Tuileries, 461.
Tunnel, 485.
Tutelle, 493.
Typographie, 1043.
Tyrannie, 840, 1018.

U

Union, 300.
Uranie, 673.
Urbain VIII, 22.
Utilité, 668.

V

Valse, 506.
Vanité, 705, 769.
— de l'effort, 1077.
Vaniteux, 271.
Vapeur, 1055.
Variété, 439.
Vaucanson, 572.
Veau, 549.
Veilleuse, 2.
Vénalité, 117, 746, 815.
Vendanges, 42.
Vengeance, 34, 255, 292, 702, 834, 916.
Vent, 472, 855.
Ventilation, 954.
Ventriloquie, 962.
Vénus, 795, 822.
Vêpres Siciliennes, 693.
Verbiage, 577.
Vérité, 151, 446, 455, 524, 736, 836, 899, 905, 1060.
Vers à soie, 215.
Versailles, 415.
Versatilité, 289, 293, 982.
Vertige, 614.

Vertu, 20, 189, 191, 239, 366, 495, 642, 873, 1031.
Vertueux, 849.
Vestiaire, 864.
Viaduc, 485.
Vico, 193, 366.
Vide, 62.
Vie, 240, 320, 364, 369, 404, 454, 515, 542, 680, 790, 842, 865, 961, 1029, 1082.
— future, 106.
Vieillards, 189, 509.
Vieillesse, 97, 111, 227, 365, 877, 881, 1070.
Vilenie, 180.
Vin, 252, 544.
— de Champagne, 170, 219.
Vinaigre, 270.
Virgile, 249.

Visites, 242, 849.
Vocation, 725.
Voleurs, 1076.
Volonté, 410, 458, 598.
Voltaire, 320, 460.
Volupté, 163.
Vulcain, 822.

W

Wagner, 971.

Y

Yeux, 14, 475, 597.

Z

Zéro, 988.
Zola (Émile), 243.

ERRATUM

Page 222, ligne 5, *au lieu de :* un*srulo etin, *lisez :* un seul rotin.

Imprimerie du Progrès. — CH. LÉPICE, 7, rue du Bois, Asnières.

www.ingramcontent.com/pod-product-compliance
Lightning Source LLC
Chambersburg PA
CBHW071525160426
43196CB00010B/1655